Take Me Through the Bible

MEMORY VERSE GAMES for KIDS

STEVE & BECKY MILLER

HARVEST HOUSE PUBLISHERS
Eugene, Oregon 97402

The authors may be contacted at
P.O. Box 1011, Springfield, OR 97478;
or e-mailed at
srmbook123@aol.com

TAKE ME THROUGH THE BIBLE **MEMORY VERSE GAMES FOR KIDS**

Copyright © 1997 by Steve & Becky Miller
Published by Harvest House Publishers
Eugene, Oregon 97402

ISBN 1-56507-621-4

Printed in the United States of America.

97 98 99 00 01 02 / BF / 10 9 8 7 6 5 4 3 2 1

*To Steve's Mom
and Becky's Mom and Dad*

*Their lives were the first
memory verses we learned*

Acknowledgment

A special thanks to Ty Pauls at Harvest
House Publishers for using his typesetting
skills to help make all the games in this
book look great!

Contents

To Our Friends . . .

You're about to start on an exciting adventure!

The Bible is a special book from God to all of His children. He wrote the Bible to tell us about who He is and how much He loves us. All throughout the Bible, God gave us special truths and promises that can help us grow into stronger and wiser Christians.

In *Memory Verse Games for Kids*, you will find 100 of these special truths and promises. We hope you enjoy learning about how God can take care of you; why Jesus came to earth, died on the cross, and rose again; how the Holy Spirit can help you grow; how the Bible can give you wisdom and joy; special ways you can show love to your family and friends; and great promises that God wants you to know!

The 100 Bible verses in this book are verses you'll want to memorize. To *memorize* something means to repeat it in your mind again and again so that you'll never forget it.

After you play each game in this book, write down the verse on the blank lines at the bottom of the page. Then take some time to memorize it. Here are some great ways to memorize verses:

- repeat the verse over and over again in your mind
- write the verse on a piece of paper again and again
- write the verse on a small card and carry it around with you
- have your parents or friends help you—they can help make memorizing verses a lot of fun!

Steve & Becky Miller

Our Awesome God

God the Creator

Genesis 1:1

A long time ago, God made the world and everything that is in it. He also made the sun, moon, planets, and stars. And later on, guess what else He created? You!

The verse below is written in secret code. Use the code key to figure out which letters to write above the numbers. For example, number 1 is the letter "A."

___ ___		___ ___ ___			
9 14		20 8 5			

___ ___ ___ ___ ___ ___ ___ ___ ___   ___ ___ ___
2   5   7   9   14   14   9   14   7   7   15   4

___ ___ ___ ___ ___ ___ ___   ___ ___ ___
3   18   5   1   20   5   4   20   8   5

___ ___ ___ ___ ___ ___ ___   ___ ___ ___
8   5   1   22   5   14   19   1   14   4

___ ___ ___   ___ ___ ___ ___ ___
20   8   5   5   1   18   20   8

Code key:

A	B	C	D	E	F	G	H	I	J	K
1	2	3	4	5	6	7	8	9	10	11

L	M	N	O	P	Q	R	S	T	U	V
12	13	14	15	16	17	18	19	20	21	22

W	X	Y	Z
23	24	25	26

Genesis 1:1 _____

_____

_____

God Creates the First
Man and Woman

Genesis 1:27

The most wonderful moment of creation came when God created man. He made Adam from the earth, and breathed life into him. Then God created Eve. God put Adam and Eve in a beautiful garden.

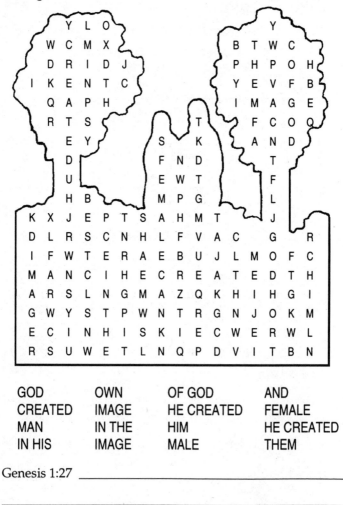

GOD	OWN	OF GOD	AND
CREATED	IMAGE	HE CREATED	FEMALE
MAN	IN THE	HIM	HE CREATED
IN HIS	IMAGE	MALE	THEM

Genesis 1:27 _____

_____

_____

God Is Worthy of Our Worship
1 Chronicles 16:25

The Bible tells us that God is great. He knows everything, is all-powerful, and is perfect. That's why we should worship Him. How can you worship God? By saying good things about Him and obeying Him.

See if you can unscramble the letters of the words below.

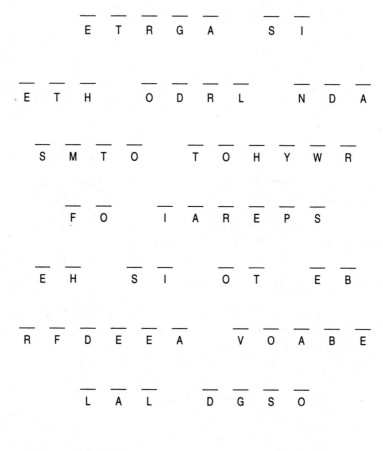

E T R G A   S I

E T H   O D R L   N D A

S M T O   T O H Y W R

F O   I A R E P S

E H   S I   O T   E B

R F D E E A   V O A B E

L A L   D G S O

1 Chronicles 16:25 _____

_____

_____

He Is Lord

Psalm 47:2

God is the King of our world and universe. He is in full control of everything that happens. Nothing can happen without His permission!

To find out what Psalm 47:2 says, block out all the letters that appear above the odd numbers. Then read the letters that are still uncovered—that is, the letters above all the even numbers.

H	O	E	W	G	A	B	W	E	I	S	B	O	M	T	E
2	4	3	6	7	8	9	10	12	11	14	13	16	18	15	20

I	S	R	T	N	H	E	W	L	Y	O	R	S	D	S	Y
22	24	19	26	21	28	30	25	32	27	34	36	29	38	31	33

M	J	O	S	R	T	H	T	I	Q	G	T	H	T	H	E
40	35	42	44	37	46	48	39	50	41	52	53	56	48	58	60

G	R	T	E	W	A	T	V	K	O	I	B	N	W	G	M
62	64	51	66	53	68	70	55	72	57	74	59	76	61	78	63

O	Y	V	L	E	B	R	U	J	A	T	H	L	P	W	L
80	69	82	71	84	73	86	75	77	88	79	81	90	83	85	92

Y	T	W	H	D	E	B	E	Q	A	U	R	M	T	C	H
89	94	91	96	93	98	95	2	97	4	99	6	1	8	3	10

Psalm 47:2 _____

_____

_____

He Protects You
Psalm 121:7

God is able to watch over you and take care of you at all times. He is your great protector!

Can you figure out where each of the words in Psalm 121:7 should fit in the crossword puzzle? Three letters have already been provided to help you get started.

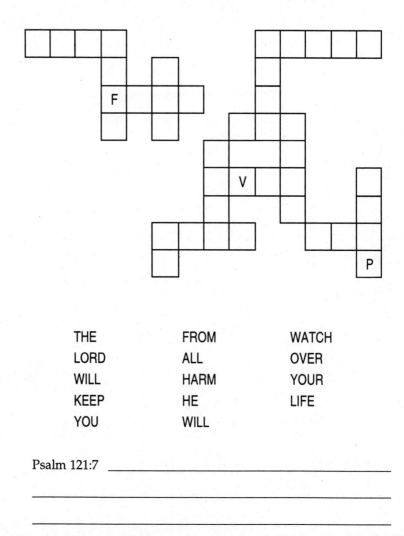

THE	FROM	WATCH
LORD	ALL	OVER
WILL	HARM	YOUR
KEEP	HE	LIFE
YOU	WILL	

Psalm 121:7 _____

_____

_____

He Is All-Knowing
Psalm 139:4

God knows all of your thoughts and all the feelings you have in your heart. That's why He is able to take good care of you. He knows exactly what you need and how to help you.

To find out what Psalm 139:4 says, unscramble the letters on the left side, and write the words correctly on the blank lines to the right.

RFOEBE   __ __ __ __ __ __

A   __

ODRW   __ __ __ __

SI   __ __

NO   __ __

YM   __ __

GEONTU   __ __ __ __ __ __

OYU   __ __ __

NWOK   __ __ __ __

TI   __ __

ECELMYPTOL   __ __ __ __ __ __ __ __ __ __

O   __

RLDO   __ __ __ __

Psalm 139:4 _____

_____

_____

God Is Wise
Psalm 147:5

Can you break the secret code and find out how wise God is? Each number represents a letter of the alphabet. Use the code key to figure out which letters should go on the blank lines below. For example, in this secret code, the number 15 represents the letter "A."

___	___	___	___	___		___	___
21	6	19	15	8		23	7

___	___	___		___	___	___	___		___	___	___
3	9	6		26	3	6	18		15	2	18

___	___	___	___	___	___		___	___
1	23	21	22	8	13		23	2

___	___	___	___	___		___	___	___
4	3	11	19	6		22	23	7

___	___	___	___	___	___	___	___	___	___	___	___	___
9	2	18	19	6	7	8	15	2	18	23	2	21

___	___	___		___	___		___	___	___	___	___
22	15	7		2	3		26	23	1	23	8

Code key:

A	B	C	D	E	F	G	H	I	J	K
15	16	17	18	19	20	21	22	23	24	25

L	M	N	O	P	Q	R	S	T	U	V
26	1	2	3	4	5	6	7	8	9	10

W	X	Y	Z
11	12	13	14

Psalm 147:5 _____

_____

_____

He Is Everywhere

Proverbs 15:3

How big is God? He can be everywhere in the world at once. At the same time that He is taking care of His children in faraway places, He is also taking care of you and me.

To find out what Proverbs 15:3 says, scratch out every other letter below. Then write on the lines the letters that remain. The first word is done for you.

T M H P E N   E P Y C E X S L

<u>T</u>   <u>H</u>   <u>E</u>   __   __   __   __

O B F I   T J H W E X

__   __   __   __   __

L B O U R A D M   A O R C E K

__   __   __   __   __   __   __

E J V Y E H R O Y F W B H P E X R U E K

__   __   __   __   __   __   __   __   __   __

Proverbs 15:3 _____

_____

_____

God Is Great

Daniel 4:3 (NASB)

The prophet Daniel, who loved God very much, lived in the rich and beautiful kingdom of Babylon. However, he said that God's kingdom is much greater than any kingdom on earth.

Find the words to Daniel 4:3 in the word search.

```
    A  C  W  K  I  N  G  D  O  M  J  Q  U
    J  W  R  N  R  Q  C  K  T  P  E  I  H  I  S
 G  M  Y  O  E  V  H  I  S  J  R  S  T  G  M  I  A
 L  E  Q  B  N  T  O  R  T  L  N  E  C  E  H  P  R
 O  J  N  T  D  M  W  K  A  D  M  K  L  N  J  T  E
 W  P  R  V  U  B  R  C  W  O  N  D  E  R  S  L  Y
 A  K  Y  T  R  A  H  O  F  M  R  J  V  M  K  O  V
 N  O  C  G  E  B  T  D  Y  Z  N  T  E  D  R  S  I
 D  V  H  I  S  R  T  W  B  N  D  O  R  W  E  R  F
 J  U  K  R  T  L  N  I  E  I  G  S  L  I  S  A  N
 C  D  I  G  R  E  A  T  O  O  R  M  A  Q  U  C  W
 O  H  N  S  W  T  A  I  R  N  J  S  S  C  P  D  R
 R  A  G  H  K  E  K  S  W  P  C  G  T  I  E  L  A
 M  S  D  L  R  U  S  F  Y  H  G  M  I  R  G  H  J
 Y  T  O  G  E  N  Z  R  A  D  K  O  N  A  E  N  E
 A  F  M  V  R  S  L  W  N  E  C  X  G  W  H  B  S
    R  K  L  P  T  B  M  W  H  I  S  T  C  D  R
    D  T  H  O  W  C  R  S  T  L  N  E  S
```

HOW	HOW	KINGDOM
GREAT	MIGHTY	IS AN
ARE	ARE	EVERLASTING
HIS	HIS	KINGDOM
SIGNS	WONDERS	
AND	HIS	

Daniel 4:3 _____

_____

_____

God Lives Forever
Daniel 6:26

God has always been alive. He had no beginning, and will have no end. He is the one who gave life to every living thing on earth, including you, your family, and your friends.

The verse below is written in secret code. Use the code key to figure out which letters to write above the numbers. For example, number 24 is the letter "A."

```
 __  __       __  __        __  __  __
 5   2        6   16        17  5   2

 __  __  __  __  __  __        __  __  __
 9   6   19  6   11  4         4   12  1

__  __  __      __  __      __  __  __  __  __  __  __
24  11  1       5   2       2   11  1   18  15  2   16

     __  __  __  __  __  __  __
     3   12  15  2   19  2   15
```

Code key:

A	B	C	D	E	F	G	H	I	J	K
24	25	26	1	2	3	4	5	6	7	8

L	M	N	O	P	Q	R	S	T	U	V
9	10	11	12	13	14	15	16	17	18	19

W	X	Y	Z
20	21	22	23

Daniel 6:26 _____

_____

_____

God's Great Care for You
Nahum 1:7

God can take care of you in both good times and bad. We might not understand why some things go wrong in our life, but we can know God is our refuge. The word refuge means "a place of protection."

Unscramble the letters below and write out the words to Nahum 1:7.

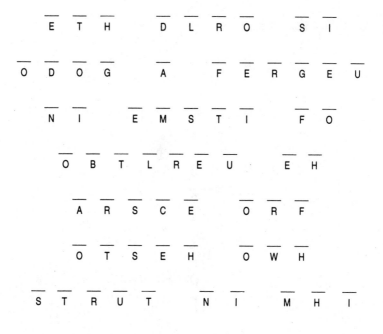

Nahum 1:7 _____

_____

_____

What Can God Do?

Luke 1:37

God can do many things that we cannot do. He can also surprise us in wonderful ways that we do not expect!

To find out what Luke 1:37 says about God, block out all the letters that appear above the odd numbers. Then read the letters that are still uncovered.

N	I	E	O	D	T	H	A	I
98	17	23	94	31	90	88	37	84

R	N	B	G	W	C	I	D	S
11	82	29	78	41	63	76	9	70

F	I	R	D	M	P	Q	O	S
19	64	3	27	62	32	57	54	50

C	S	E	I	B	A	L	E	G
15	46	5	42	38	85	34	30	13

W	H	I	L	T	K	H	V	M
26	7	22	31	20	47	16	53	5

Y	G	A	E	O	H	D	J	R
27	12	11	19	8	21	2	29	3

Luke 1:37 _____

_____

_____

God Provides for You

Philippians 4:19

God promises to take care of all our needs. He will never forget us; He is faithful to care for us.

Complete the word search below by finding the words to Philippians 4:19.

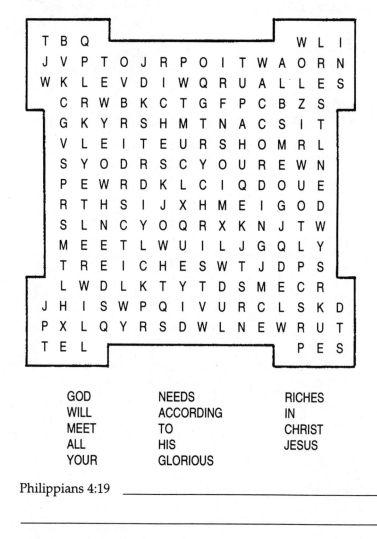

GOD	NEEDS	RICHES
WILL	ACCORDING	IN
MEET	TO	CHRIST
ALL	HIS	JESUS
YOUR	GLORIOUS	

Philippians 4:19 _____

_____

_____

God Loves You

1 John 4:16,19

Did you know that all love comes from God? When you show love to another person, you are really showing love that comes from God.

To find out what 1 John 4:16,19 says, unscramble the letters on the left side, and write the words correctly on the right side.

ODG   __ __ __

SI   __ __

LEOV   __ __ __ __

EW   __ __

VOEL   __ __ __ __

ECESUAB   __ __ __ __ __ __ __

EH   __ __

RTIFS   __ __ __ __ __

DEOLV   __ __ __ __ __

SU   __ __

1 John 4:16,19 _____

_____

_____

God Is Holy
Revelation 4:8

God is pure; He always does what is right. Because He is holy, He cannot do anything wrong or sinful.

Can you figure out where each of the words in Revelation 4:8 should fit in the crossword puzzle? Three letters have already been provided to help you get started.

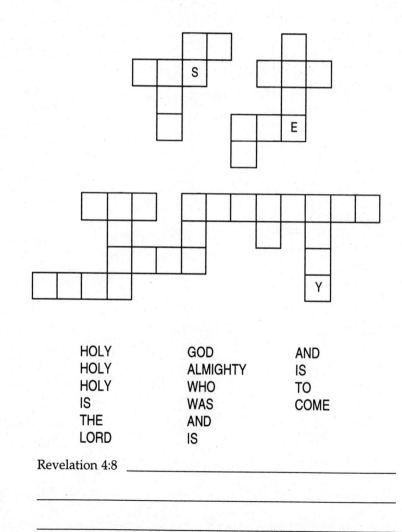

HOLY	GOD	AND
HOLY	ALMIGHTY	IS
HOLY	WHO	TO
IS	WAS	COME
THE	AND	
LORD	IS	

Revelation 4:8 _____

_____

_____

Jesus Our Savior

The Baby Jesus—God with Us
Matthew 1:23

Before Joseph and Mary were married, an angel came to Joseph and told him that Mary was going to have a special baby. They were to name the baby Immanuel, which means "God with us." That's because Jesus is God, and He came to earth as a man to help save us from our sins.

Complete the word search below.

```
                          I  C  H
                    U  B  C  M  R  A  B
              R  G  S  L  T  H  E  W  M  K  D  L  P
        H  G  L  O  N  E  W  F  O  S  A  W  I  L  L
        A  K  R  I  D  X  V  I  R  G  I  N  J  T  R  W  C
  Y  T  W  O  Y  V  K  T  L  H  A  C  U  W  L  A  N  D
  D  H  I  M  R  L  E  X  L  Y  N  M  E  A  N  S  P  R  L
        T                       D  I  L  N  R  I
        H                       K  S  R  L  C  W
        B                       W  H  I  C  H  P
        I                       I  B  T  M  I  S
     C  R  I  N  T  U  S  R     T  W  H  I  L  R
     U  T  O  A  H  L  O  C     H  C  E  P  D  T
     H              N           R  L  Y  U  W  I  L  L
  R     L        P     T
```

THE	AND	AND	WHICH
VIRGIN	WILL	THEY	MEANS
WILL	GIVE	WILL	GOD
BE	BIRTH	CALL	WITH
WITH	TO A	HIM	US
CHILD	SON	IMMANUEL	

Matthew 1:23 _____

_____

_____

Why Did Jesus Come?
Luke 19:10

To find out why Jesus came to earth, block out all the letters that appear above the odd numbers. Then read the letters that are still uncovered, and see what Luke 19:10 says.

J	T	S	H	A	L	E	C	P	S	R	O	U	N
1	2	5	4	9	11	6	15	17	8	19	10	23	12

K	O	B	F	J	M	Q	A	N	I	H	O	F	A
27	14	29	16	31	18	35	20	22	37	24	41	43	26

S	J	C	V	O	M	O	E	A	T	K	O	T	S
28	47	30	49	32	34	51	36	55	38	59	40	65	67

V	H	S	W	R	E	T	E	G	J	K	W	A	L
69	71	42	73	75	44	77	46	79	81	48	83	85	87

S	A	V	T	N	E	D	K	L	T	G	O	S	W
89	50	91	93	52	95	54	97	99	56	67	58	60	69

A	V	I	E	J	T	E	M	H	Q	A	T	N	W
62	64	71	66	75	68	81	83	70	85	72	74	87	76

H	P	R	I	S	C	B	H	D	W	Q	A	N	S
78	91	93	80	95	82	99	84	3	86	5	88	9	90

J	O	L	E	S	O	Y	S	I	F	S	T	K	R
11	13	92	15	17	94	21	96	23	25	27	98	29	31

Luke 19:10 _____

_____

_____

The Lamb of God
John 1:29

God sent Jesus to earth for a special reason: Jesus was to die on the cross to pay for the punishment we deserved for our sins. He came to take away our sin and make us righteous.

The verse below is written in secret code. Use the code key to figure out which letters to write above the numbers. For example, number 8 is the letter "A."

17 22 15 21   26 8 4   17 12 26 2 26

10 22 20 16 21 14   1 22 4 8 25 11

15 16 20   8 21 11   26 8 16 11

19 22 22 18   1 15 12   19 8 20 9

22 13   14 22 11   4 15 22

1 8 18 12 26   8 4 8 6

1 15 12   26 16 21   22 13

1 15 12   4 22 25 19 11

Code key:

A	B	C	D	E	F	G	H	I	J	K
8	9	10	11	12	13	14	15	16	17	18

L	M	N	O	P	Q	R	S	T	U	V
19	20	21	22	23	24	25	26	1	2	3

W	X	Y	Z
4	5	6	7

John 1:29 _____

_____

_____

The Bread of Life
John 6:35

Jesus came to give us eternal life. When He says He is the bread of life, He is saying that only He can help those who are hungry for eternal life.

To find out what John 6:35 says, block out every other letter. Then read the letters that are still uncovered, and see what they say. The first word is done for you.

John 6:35 _____

_____

_____

The Great Shepherd
John 10:27-28

A good shepherd watches his flock of sheep at all times to guide, feed, and protect them. Jesus is the Great Shepherd because He always guides, feeds, and protects us.

Can you figure out where each of the words in John 10:27-28 should fit in the crossword puzzle? Three letters have already been provided to help you get started.

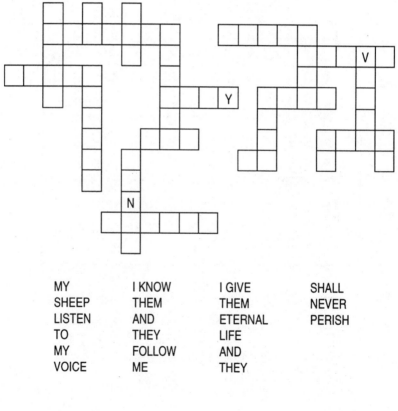

MY	I KNOW	I GIVE	SHALL
SHEEP	THEM	THEM	NEVER
LISTEN	AND	ETERNAL	PERISH
TO	THEY	LIFE	
MY	FOLLOW	AND	
VOICE	ME	THEY	

John 10:27-28 _____

_____

_____

Jesus Loves the Little Children
Luke 18:16

Jesus always received children with open arms. He also wants you to come to Him, because He loves you.

Complete the word search below.

```
                    T Q
                    W U
                    R J                 L
            A     T H E       M I D
            S K W H L S C     C T J
    U     T C Y E J U K L       T
  C T R H W H M P S P T O K L R U
    C D E L O I E T L H A F E S H
    O U S R C X L K U E B H G T I
  P M Y E N M A N D V R E T K O N
  N E V W C L I R E R D L J D L D
  L T O S U C H D B I E O S O C E
  S O E L A W N F T K S N L N K R
  R M R S H I E O K I N G D O M D
  L E T I C K D R C W L S G T P R
```

JESUS	CHILDREN	THEM	BELONGS
SAID	COME TO ME	FOR	TO SUCH
LET	AND	THE	AS THESE
THE	DO NOT	KINGDOM	
LITTLE	HINDER	OF GOD	

Luke 18:16 _____

_____

_____

Jesus, the Great Teacher
Matthew 7:28-29

When Jesus taught people, He amazed them with His great wisdom. His teaching was special because everything He said came from God.

See if you can unscramble the letters in the words below.

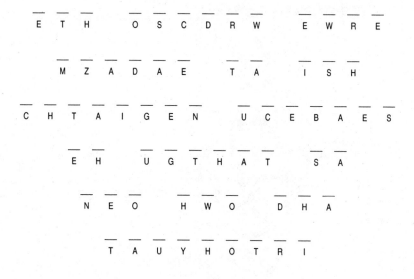

```
E  T  H     O  S  C  D  R  W     E  W  R  E

   M  Z  A  D  A  E     T  A     I  S  H

C  H  T  A  I  G  E  N     U  C  E  B  A  E  S

   E  H     U  G  T  H  A  T     S  A

   N  E  O     H  W  O     D  H  A

   T  A  U  Y  H  O  T  R  I
```

Matthew 7:28-29 _____

_____

_____

Jesus Is God
John 10:30

The Bible tells us that Jesus is God. We may find it hard to understand how that is possible. But one reason we know it's true is because everything that God could do, Jesus could also do.

To put the following words in the right order, start at the beginning of each rope and follow it to the correct blank line.

FATHER

AND

ONE

ARE

THE

I

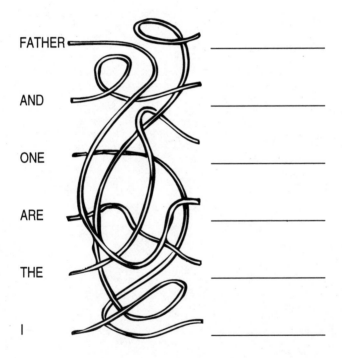

John 10:30 _____

Jesus: The Giver of Life
John 11:25

When Jesus' good friend Lazarus died, Jesus brought him back to life. He could do that because He alone has power over death. With that power, Jesus can help us to have eternal life.

Unscramble the letters below and spell out the words on the blank lines.

I   —

MA   — —

HET   — — —

EURRSECITONR   — — — — — — — — — — — —

DAN   — — —

EHT   — — —

FEIL   — — — —

EH   — —

OWH   — — —

LEVESIBE   — — — — — — — —

NI   — —

EM   — —

LWIL   — — — —

VIEL   — — — —

John 11:25 _____

_____

_____

Becoming Children of God
John 1:12

What happens when we believe in Jesus and invite Him into our hearts? To find out, solve the secret code below. Use the code key to figure out which letters to write above the numbers. For example, number 14 is the letter "A."

```
___ ___      ___ ___ ___      ___ ___ ___
 7   2       14  25  25      10  21   2

___ ___ ___ ___ ___ ___ ___ ___    ___ ___ ___
 5  18  16  18  22   9  18  17     21  22  26

___ ___      ___ ___ ___ ___ ___    ___ ___ ___
 7   2        7  21   2   6  18     10  21   2

___ ___ ___ ___ ___ ___ ___ ___    ___ ___    ___ ___ ___
15  18  25  22  18   9  18  17     22   1     21  22   6

___ ___ ___ ___    ___ ___    ___ ___ ___ ___    ___ ___ ___
 1  14  26  18     21  18     20  14   9  18      7  21  18

___ ___ ___ ___ ___    ___ ___    ___ ___ ___ ___ ___ ___
 5  22  20  21   7     7   2     15  18  16   2  26  18

___ ___ ___ ___ ___ ___ ___ ___    ___ ___    ___ ___ ___
16  21  22  25  17   5  18   1      2  19     20   2  17
```

Code key:

A	B	C	D	E	F	G	H	I	J	K
14	15	16	17	18	19	20	21	22	23	24

L	M	N	O	P	Q	R	S	T	U	V
25	26	1	2	3	4	5	6	7	8	9

W	X	Y	Z
10	11	12	13

John 1:12 _____

_____

_____

Showing Your Love for Jesus
John 14:21

To find out how you can show Jesus that you love Him, block out all the letters that appear above the odd numbers. Then read the letters that are still uncovered and see what they spell out.

W	T	H	C	O	E	V	R	E	S	R	H	E	U
2	1	4	3	6	8	10	5	12	7	14	16	11	13

A	S	M	G	Y	C	J	O	M	H	M	A	F	N
18	20	22	17	24	26	19	28	30	23	32	34	25	36

D	K	V	S	A	N	G	D	A	O	B	R	E	L
38	27	29	40	42	44	33	46	35	48	50	37	52	39

Y	S	C	T	H	F	E	M	H	P	E	I	T	S
54	56	41	58	60	43	62	64	66	45	68	70	47	72

R	T	V	H	E	K	O	Y	N	E	I	L	W	H
49	74	51	76	78	53	80	55	82	84	57	61	86	88

U	O	L	R	O	V	H	E	C	S	G	M	R	E
63	90	92	65	94	96	67	98	71	2	73	4	75	6

John 14:21 _____

_____

_____

Jesus Came to Serve
Mark 10:45

Jesus said we will be more happy when we do our best to serve other people. Do you like to help other people? When Jesus was on earth, He spent His whole life helping others, and today He helps us from heaven.

Find out more about why Jesus came to earth by solving this word search puzzle.

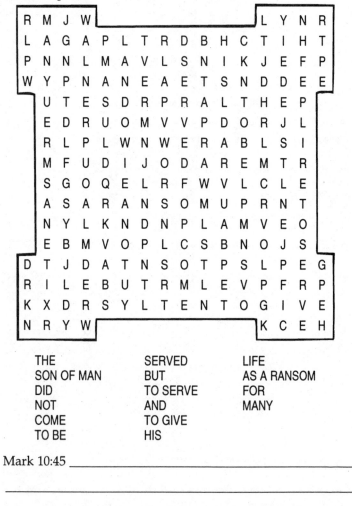

THE	SERVED	LIFE
SON OF MAN	BUT	AS A RANSOM
DID	TO SERVE	FOR
NOT	AND	MANY
COME	TO GIVE	
TO BE	HIS	

Mark 10:45 _____

_____

_____

Jesus Is the Only Way
John 14:6

How can we get to heaven? Jesus said there is only one way: by receiving Him as our Savior and Lord.

Solve this crossword puzzle, and see what Jesus said about Himself in John 14:6. Three letters have already been provided to help you get started.

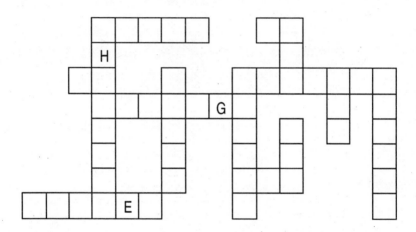

I AM	THE LIFE	FATHER
THE WAY	NO	EXCEPT
AND	ONE	THROUGH
THE TRUTH	COMES	ME
AND	TO THE	

John 14:6 _____

_____

_____

Filling Our Hearts with Peace
John 14:27

What should we do when we become afraid of someone or something? Pray to Jesus, and He will comfort us. Also, when you remember that Jesus is always with you, then you will feel peace in your heart instead of fear.

Unscramble the letters below to find out what John 14:27 says.

```
 __  __      __  __  __  __  __       __
 Y   M       E   P   C   A   E        I

     __  __  __  __      __  __  __
     V   E   G   I       U   Y   O

     __  __      __  __  __      __  __  __
     O   D       O   N   T       T   L   E

 __  __  __  __      __  __  __  __  __  __      __  __
 R   Y   U   O       E   H   S   A   R   T       E   B

 __  __  __  __  __  __  __  __      __  __  __      __  __
 L   B   D   T   O   R   U   E       D   A   N       O   D

     __  __  __      __  __      __  __  __  __  __  __
     T   O   N       E   B       F   A   R   D   I   A
```

John 14:27 _____

_____

_____

Jesus Is Always with You
Matthew 28:20

Have you ever lost a good friend? Maybe that friend moved away or didn't want to be friends anymore. Jesus is one friend who will never leave you. You can talk to Him and share your thoughts and feelings with Him anytime you want to!

To find out what Jesus said in Matthew 28:20, block out every other letter. Then write the remaining letters on the blank lines. Part of the first word is done for you.

S C U R A E N L K Y X   I Y   A W M C

<u>S</u> <u>U</u> <u>R</u> <u>E</u> __ __   __   __ __

W H I C T R H G   Y U O S U H

__ __ __ __   __ __ __

A H L I W H A F Y A S H   T U O K

__ __ __ __ __ __   __ __ __

T S H T E S   V Y E L R G Y H   E W N I D L

__ __ __   __ __ __ __ __   __ __ __ __

O L F X   T E H V E X   A U G B E L

__ __   __ __ __   __ __ __

Matthew 28:20 _____

_____

_____

Jesus Did Not Sin
1 John 3:5

How do we know we can trust Jesus? Because He always does what is right. There is no sin in Him. That means He will never lie to us, hurt us, or take anything away from us. His love for us is pure and perfect.

To find out what 1 John 3:5 says, unscramble the letters on the left side of this page, and spell out the words correctly on the blank lines to the right.

EH   — —

PEREAPDA   — — — — — — — —

OS   — —

HATT   — — — —

EH   — —

HGTIM   — — — — —

KAET   — — — —

YAAW   — — — —

UOR   — — —

NSIS   — — — —

NAD   — — —

NI   — —

MHI   — — —

SI   — —

ON   — —

NSI   — — —

1 John 3:5 _____

_____

_____

The Power of Jesus' Love
Romans 8:39 (Adapted)

Can you break the secret code and find out how strong the power of Jesus' love is? Each number represents a letter of the alphabet. Use the code key to figure out which letters should go on the blank lines below. For example, number 7 is the letter "A."

— — — — — — —   — —   — — — —
20 21 26 14 15 20 13   15 25   7 8 18 11

— —   — — — — — — — —
26 21   25 11 22 7 24 7 26 11

— —   — — — —   — — —
1 25   12 24 21 19   26 14 11

— — — —   — —   — — —
18 21 2 11   21 12   13 21 10

— — — —   — —   — —
26 14 7 26   15 25   15 20

— — — — — —   — — — — —
9 14 24 15 25 26   16 11 25 1 25

— — —   — — — —
21 1 24   18 21 24 10

Code key:

A	B	C	D	E	F	G	H	I	J	K
7	8	9	10	11	12	13	14	15	16	17

L	M	N	O	P	Q	R	S	T	U	V
18	19	20	21	22	23	24	25	26	1	2

W	X	Y	Z
3	4	5	6

Romans 8:39 _____

_____

_____

Our Future Home in Heaven
John 14:3

Someday, we will live with Jesus in heaven. And the best part is that He Himself will take us there!

Can you figure out where each of the words in John 14:3 should fit in the crossword puzzle? Three letters have already been provided to help you get started.

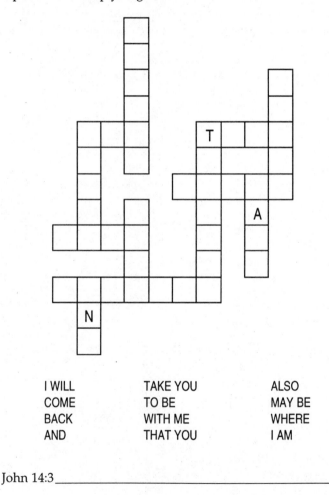

I WILL	TAKE YOU	ALSO
COME	TO BE	MAY BE
BACK	WITH ME	WHERE
AND	THAT YOU	I AM

John 14:3 _____

_____

_____

Jesus Never Changes
Hebrews 13:8

Jesus will always love and care for us. He will always be perfectly wise and fair. We know this because of what Hebrews 13:8 says.

To put the words in this verse in the right order, start at the beginning of each rope and follow it to the correct blank line. Then write the correct words in the blanks.

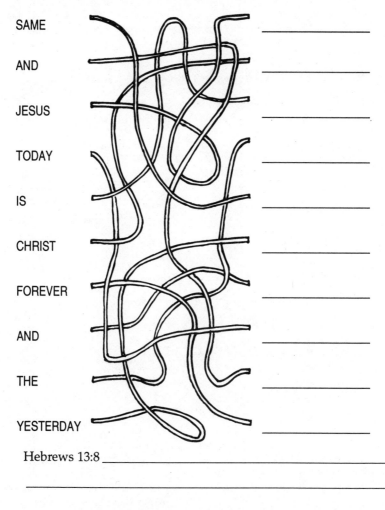

SAME

AND

JESUS

TODAY

IS

CHRIST

FOREVER

AND

THE

YESTERDAY

Hebrews 13:8 _____

Jesus, Our King Forever
Revelation 21:13

Jesus has always been and always will be the King of our universe. We are the children of the greatest King of all!

Can you break the secret code and find out what Revelation 21:13 says? Use the code key to figure out which letters should go on the blank lines below. For example, number 20 is the letter "A."

__	__ __	__ __ __	__ __ __ __ __		
2	20 6	13 1 24	20 5 9 1 20		

__ __ __	__ __ __	__ __ __ __ __
20 7 23	13 1 24	8 6 24 26 20

__ __ __	__ __ __ __ __	__ __ __
13 1 24	25 2 11 12 13	20 7 23

__ __ __	__ __ __ __	__ __ __
13 1 24	5 20 12 13	13 1 24

__ __ __ __ __ __ __ __ __	__ __ __
21 24 26 2 7 7 2 7 26	20 7 23

__ __ __	__ __ __
13 1 24	24 7 23

Code key:

A	B	C	D	E	F	G	H	I	J	K
20	21	22	23	24	25	26	1	2	3	4

L	M	N	O	P	Q	R	S	T	U	V
5	6	7	8	9	10	11	12	13	14	15

W	X	Y	Z
16	17	18	19

Revelation 21:13 _____

_____

_____

Our Helper,
the Holy Spirit

Your Guide to the Truth
John 16:13

Before Jesus returned to heaven, He promised to send the Holy Spirit to live in our hearts. Jesus said the Holy Spirit's job is to help us understand the Bible and know God's truth.

The verse below is written in secret code. Use the code key to figure out which letters to write above the numbers. For example, number 18 is the letter "A."

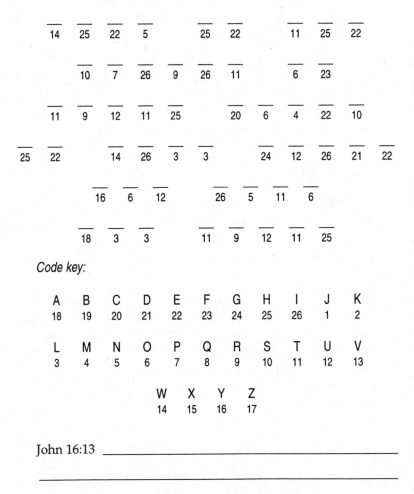

```
___  ___  ___  ___      ___  ___      ___  ___  ___
14   25   22    5       25   22       11   25   22

     ___  ___  ___  ___  ___  ___     ___  ___
     10    7   26    9   26   11       6   23

___  ___  ___  ___  ___      ___  ___  ___  ___  ___
11    9   12   11   25       20    6    4   22   10

___  ___      ___  ___  ___  ___      ___  ___  ___  ___  ___
25   22       14   26    3    3       24   12   26   21   22

          ___  ___  ___      ___  ___  ___  ___
          16    6   12       26    5   11    6

     ___  ___  ___      ___  ___  ___  ___  ___
     18    3    3       11    9   12   11   25
```

Code key:

A	B	C	D	E	F	G	H	I	J	K
18	19	20	21	22	23	24	25	26	1	2

L	M	N	O	P	Q	R	S	T	U	V
3	4	5	6	7	8	9	10	11	12	13

W	X	Y	Z
14	15	16	17

John 16:13 _____

_____

_____

The Holy Spirit, Your Teacher
John 14:26

Can you figure out where each of the words in John 14:26 go in the crossword puzzle? Three letters have already been provided to help you get started.

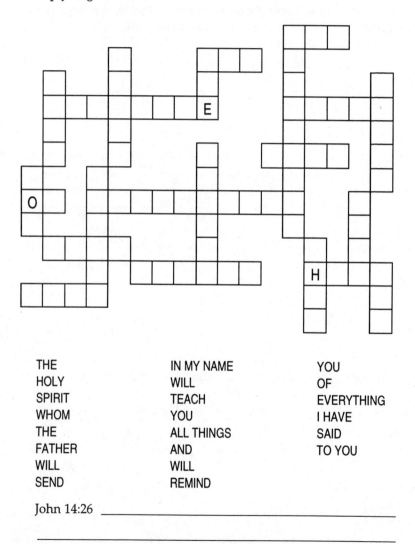

THE	IN MY NAME	YOU
HOLY	WILL	OF
SPIRIT	TEACH	EVERYTHING
WHOM	YOU	I HAVE
THE	ALL THINGS	SAID
FATHER	AND	TO YOU
WILL	WILL	
SEND	REMIND	

John 14:26 _____

_____

_____

The Spirit Is Always with You
John 14:16

When you ask Jesus into your heart, the Holy Spirit comes to live in your heart, too. He is your counselor, which means He is your guide and helper. And He will stay with you forever!

To find out what John 14:16 says, unscramble the letters on the left side of the page, and write the words on the blank lines to the right.

I	—
LWLI	— — — —
KAS	— — —
ETH	— — —
AHTEFR	— — — — — —
NDA	— — —
EH	— —
LILW	— — — —
VGIE	— — — —
UYO	— — —
OENAHTR	— — — — — — —
NSOCUOLRE	— — — — — — — — —
OT	— —
EB	— —
HIWT	— — — —
UYO	— — —
EROFRVE	— — — — — — —
ETH	— — —
PITSIR	— — — — —
FO	— —
UTHRT	— — — — —

John 14:16 _____

_____

_____

The Convictor of Sin

John 16:8 (Adapted)

One responsibility of the Holy Spirit is that He convicts people of sin. That means He lets us know when we have done something wrong. He speaks to our hearts and helps us to know the difference between right and wrong.

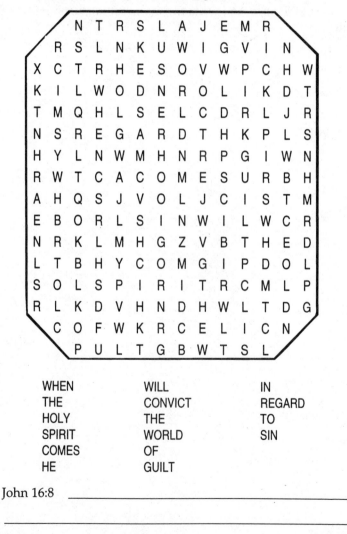

```
      N  T  R  S  L  A  J  E  M  R
      R  S  L  N  K  U  W  I  G  V  I  N
   X  C  T  R  H  E  S  O  V  W  P  C  H  W
   K  I  L  W  O  D  N  R  O  L  I  K  D  T
   T  M  Q  H  L  S  E  L  C  D  R  L  J  R
   N  S  R  E  G  A  R  D  T  H  K  P  L  S
   H  Y  L  N  W  M  H  N  R  P  G  I  W  N
   R  W  T  C  A  C  O  M  E  S  U  R  B  H
   A  H  Q  S  J  V  O  L  J  C  I  S  T  M
   E  B  O  R  L  S  I  N  W  I  L  W  C  R
   N  R  K  L  M  H  G  Z  V  B  T  H  E  D
   L  T  B  H  Y  C  O  M  G  I  P  D  O  L
   S  O  L  S  P  I  R  I  T  R  C  M  L  P
   R  L  K  D  V  H  N  D  H  W  L  T  D  G
      C  O  F  W  K  R  C  E  L  I  C  N
      P  U  L  T  G  B  W  T  S  L
```

WHEN	WILL	IN
THE	CONVICT	REGARD
HOLY	THE	TO
SPIRIT	WORLD	SIN
COMES	OF	
HE	GUILT	

John 16:8 _____

_____

_____

Your Heart, the Spirit's Home
1 Corinthians 6:19

When you become a Christian, your body becomes the home of the Holy Spirit. Because He lives in you, you want to be careful about how you live so that the Spirit isn't saddened or disappointed.

To put the following words in the right order, start at the beginning of each rope and follow it to the correct blank line.

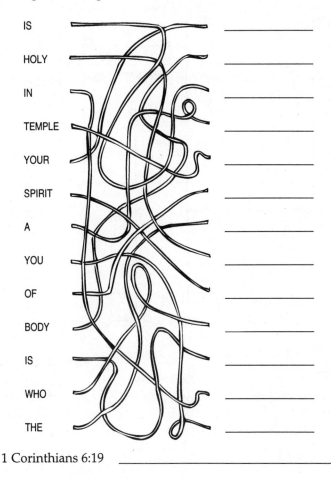

IS

HOLY

IN

TEMPLE

YOUR

SPIRIT

A

YOU

OF

BODY

IS

WHO

THE

1 Corinthians 6:19 _____

Bringing Love to Our Hearts

Romans 5:5

The love we have in our hearts comes from God. He gives us that love through the Holy Spirit.

Can you solve the crossword puzzle? Three letters have already been provided to help you get started.

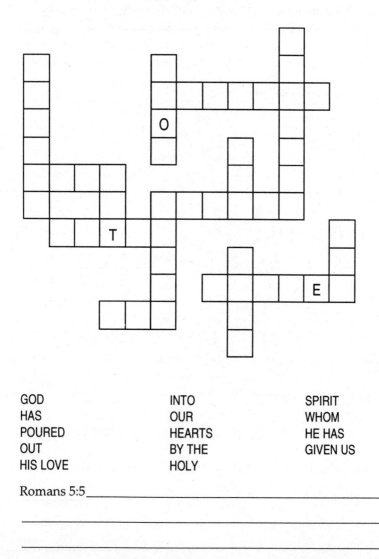

GOD	INTO	SPIRIT
HAS	OUR	WHOM
POURED	HEARTS	HE HAS
OUT	BY THE	GIVEN US
HIS LOVE	HOLY	

Romans 5:5 _____

_____

_____

Walking in the Spirit
Galatians 5:16 (NASB)

What does it mean to walk in the Spirit? Walking in the Spirit is the same as letting the Holy Spirit control your life. In the Bible, the Holy Spirit tells us how to live, so when we obey the Bible, we are letting the Spirit control us. It is the Spirit who helps us to live right and stay away from things that are wrong or sinful.

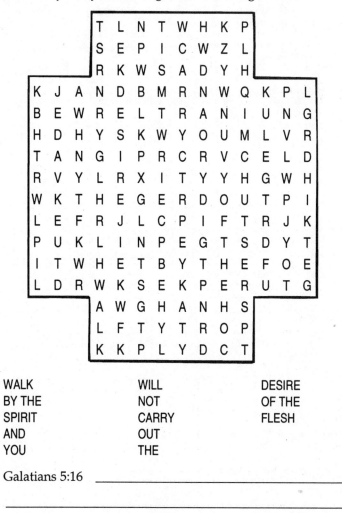

WALK	WILL	DESIRE
BY THE	NOT	OF THE
SPIRIT	CARRY	FLESH
AND	OUT	
YOU	THE	

Galatians 5:16 _____

_____

_____

The Spirit and Your Attitudes

Galatians 5:22-23

When you give the Holy Spirit control of your life, He will help you do what God wants you to do. He will help you have the right kinds of attitudes.

Can you break the secret code and find out what attitudes the Holy Spirit wants you to have? Use the code key to figure out which letters should go on the blank lines below. For example, number 17 is the letter "A."

```
 __  __  __      __  __  __  __  __        __  __
 10  24  21      22   8  11  25  10         5  22

 __  __  __      __  __  __  __  __  __      __  __
 10  24  21       9   6  25   8  25  10      25   9

 __  __  __  __      __  __  __      __  __  __  __  __
  2   5  12  21      26   5  15      6  21  17  19  21

             __  __  __  __  __  __  __  __
              6  17  10  25  21   4  19  21

             __  __  __  __  __  __  __  __
              1  25   4  20   4  21   9   9

             __  __  __  __  __  __  __  __
             23   5   5  20   4  21   9   9

     __  __  __  __  __  __  __  __  __  __  __
     22  17  25  10  24  22  11   2   4  21   9   9

 __  __  __  __  __  __  __  __  __  __      __  __  __
 23  21   4  10   2  21   4  21   9   9      17   4  20

     __  __  __  __      __  __  __  __  __  __  __
      9  21   2  22      19   5   4  10   8   5   2
```

Code key:

A	B	C	D	E	F	G	H	I	J	K	L	M	N	O
17	18	19	20	21	22	23	24	25	26	1	2	3	4	5

L	M	N	O	P	Q	R	S	T	U	V	W	X	Y	Z
2	3	4	5	6	7	8	9	10	11	12	13	14	15	16

Galatians 5:22-23 _____

_____

_____

The Giver of Peace
Romans 8:6

When we let the Holy Spirit guide us, He will give us peace. He will remove all our worries, fears, and concerns.

To put the following words in the right order, start at the beginning of each rope and follow it to the correct blank line.

CONTROLLED

LIFE

BY

THE

PEACE

IS

SPIRIT

AND

THE

MIND

Romans 8:6 _____
_____
_____

We Are Children of God
Romans 8:16

When we feel lonely, sometimes it's because we feel like we have no friends, or that we are far away from them. Have you ever felt far away from God? Don't worry, because God always stays close to His children. Through His Holy Spirit, He reminds us that we are His children, and that nothing can ever separate us from Him.

See if you can unscramble the letters of the words below.

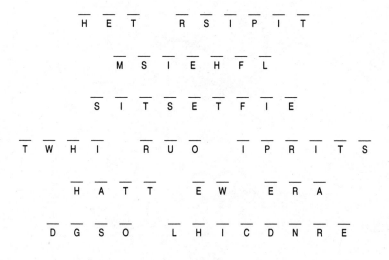

H E T   R S I P I T

M S I E H F L

S I T S E T F I E

T W H I   R U O   I P R I T S

H A T T   E W   E R A

D G S O   L H I C D N R E

Romans 8:16 _____

_____

_____

The Holy Spirit and the Bible
2 Peter 1:21

Do you know how the Bible was written? God used the Holy Spirit to tell men what to write. That's why we can say the Holy Spirit helped to write the Bible.

Can you figure out where each of the words in 2 Peter 1:2 go in the crossword puzzle? Three letters have already been provided to help you get started.

MEN	AS THEY	BY THE
SPOKE	WERE	HOLY
FROM	CARRIED	SPIRIT
GOD	ALONG	

2 Peter 1:21 _____

_____

_____

Being Filled with the Spirit
Ephesians 5:18

Do you want to obey God? The Bible tells us in a very simple way how to do that: Be filled with the Spirit. That means to let the Holy Spirit control your life (which is the same as obeying the Bible). Only the Spirit can help you to obey.

To find out what Ephesians 5:18 says, block out every other letter. Then write the remaining letters on the spaces below. The first word is done for you.

Ephesians 5:18 _____

The Wonders
of Salvation

God Sent His Son
John 3:16

How much does God love us? So much that He gave up His Son to die on the cross so we could go to heaven. When Jesus died, He paid the punishment for our sins so that we could have eternal life.

```
                    S
        H R D O M H R S
      J T H A T N L R S E C N
      R M I V E G O D I V G E S
  A B U T K E R N V C N W L A R O
  I E S H A L L D E T H A T K V N
  D L T J N Y Q W D V I L C A X E
  Y I N E U W R U H W M V G R N K
  L E H L R O N L Y O C W O R L D
  W V L T Y N S R J T E L N E A N
  P E R I S H A C H U S V W F H O
  R S T H O A T L I F E O E O N T
  T H E A N R S N S L R M D R A M
```

FOR	ONE	SHALL
GOD	AND	NOT
SO LOVED	ONLY	PERISH
THE	SON	BUT
WORLD	THAT	HAVE
THAT	WHOEVER	ETERNAL
HE GAVE	BELIEVES	LIFE
HIS	IN HIM	

John 3:16 _____

_____

_____

All Have Sinned

Romans 3:23

The Bible tells us that every person is born a sinner. We are born separated from God because sin is in our hearts. Only when we ask Jesus to forgive and cleanse us can we say and do what is right.

To find out what Romans 3:23 says, block out all the letters that appear above the odd numbers. Then read the letters that are still uncovered and see what they say.

T	A	B	H	L	R	L	U	H	L	A	Q	H	V	E	T
1	2	3	5	4	7	6	9	8	11	10	13	15	12	14	17

K	S	N	R	I	D	N	Q	S	N	L	E	S	Y	D	W
19	16	21	23	18	25	20	27	29	22	31	24	33	35	26	37

T	A	K	O	N	T	D	F	E	H	A	O	L	Y	L	T
39	28	41	43	30	45	32	34	47	49	36	51	38	53	40	55

S	T	H	U	K	O	C	R	H	Y	T	W	O	P	J	F
42	57	44	59	61	46	63	48	65	67	50	69	52	71	73	54

E	T	C	G	H	S	E	G	T	L	Q	O	C	R	H	Y
75	56	77	79	58	81	60	62	83	64	85	66	87	68	89	70

G	W	O	Y	F	B	M	E	G	W	A	O	Y	F	B	D
91	93	72	95	74	97	99	43	76	45	47	78	49	51	53	80

Romans 3:23 _____

_____

_____

A Free Gift

Romans 6:23

Because of sin, no one can get to heaven. God is pure, and He cannot allow sin in heaven. But when Jesus died on the cross, He took the punishment for our sins. We can ask Him to forgive us, make our hearts clean, and give us the gift of eternal life. Then we can go to heaven!

The verse below is written in secret code. Use the code key to figure out which letters to write above the numbers. For example, number 13 is the letter "A."

```
__  __  __      __  __  __  __  __      __  __      __  __  __
6   20  17      9   13  19  17  5       1   18      5   21  26

    __  __      __  __  __  __  __      __  __  __
    21  5       16  17  13  6   20      14  7   6

        __  __  __      __  __  __  __      __  __
        6   20  17      19  21  18  6      1   18

    __  __  __      __  __      __  __  __  __  __  __  __
    19  1   16      21  5       17  6   17  4   26  13  24

    __  __  __  __      __  __      __  __  __  __  __  __
    24  21  18  17      21  26      15  20  4   21  5   6

    __  __  __  __  __      __  __  __      __  __  __  __
    22  17  5   7   5       1   7   4       24  1   4   16
```

Code key:

A	B	C	D	E	F	G	H	I	J	K	L	M	N	O
13	14	15	16	17	18	19	20	21	22	23	24	25	26	1

L	M	N	O	P	Q	R	S	T	U	V	W	X	Y	Z
24	25	26	1	2	3	4	5	6	7	8	9	10	11	12

Romans 6:23 _____

_____

_____

A Love So Great

Romans 5:8

Are you able to show love to someone who hurts your feelings? That's hard to do, isn't it? But God shows love to you even when you hurt His feelings. He still loves you even when you do what is wrong. That's why He sent Jesus to die on the cross—to show His love to sinners.

See if you can unscramble the letters of the words below.

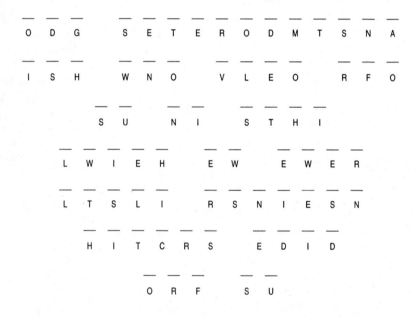

Romans 5:8_____

_____

_____

From Sin to Righteousness
2 Corinthians 5:21

When Jesus died on the cross, God did something very amazing. He gave our sin to Jesus, and gave Jesus' righteousness to us. That may be hard to understand, but that's exactly what happened. Aren't you thankful that Jesus was willing to go through so much pain so you could become righteous before God?

GOD	TO BE SIN	MIGHT
MADE	FOR US	BECOME
HIM	SO THAT	THE
WHO	IN HIM	RIGHTEOUSNESS
HAD NO SIN	WE	OF GOD

2 Corinthians 5:21 _____

_____

_____

Believe and Be Saved
Acts 16:31

How do we become children of God? How can we receive Jesus in our hearts and get the gift of eternal life? The Bible says we need to believe in Christ. What do we need to believe? That He died for our sins, rose again, and can cleanse our hearts of sin.

To find out what Acts 16:31 says, block out every other letter. Then write the remaining letters on the spaces below. Part of the first word is done for you.

B ~~N~~ E ~~L~~ L ~~K~~ I ~~R~~ E S V T E J   I C N R

<u>B</u> <u>E</u> <u>L</u> <u>I</u> __ __ __   __ __

T C H S E I   L G O W R C D H

__ __ __   __ __ __ __

J K E R S A U B S R   A R N V D A

__ __ __ __ __   __ __ __

Y K O G U N   W T I C L R L D

__ __ __   __ __ __ __

B J E R   S D A R V J E M D C

__ __   __ __ __ __ __

Acts 16:31 _____

_____

_____

Confess and Believe
Romans 10:9

Romans 10:9 is a wonderful verse that explains how you can become a Christian. If you have a friend who wants to become a Christian, you can share this verse with him or her.

```
T  L  R  N           S  J  D  R
D  C  A  K  A  R  D  B  E  L  I  E  V  E  C  F
R  W  I  L  L  B  E  K  A  M  C  Q  H  S  R  D
L  D  S  N  K  W  A  Y  N  G  O  D  A  U  T  E
K  R  E  H  Y  P  N  O  C  B  N  G  E  S  L  A
A  N  D  F  L  O  W  E  S  W  F  Y  D  I  N  D
   A  Q  R  E  R  U  J  T  H  E  P  W  S  E
   E  Y  O  U  S  D  R  M  U  S  T  N  L  T
D  L  O  M  N  T  P  L  H  J  S  L  Y  O  U  R
K  B  K  S  O  E  N  Y  V  E  U  M  L  R  A  I
W  I  T  H  L  U  J  B  O  W  A  C  T  D  C  F
S  G  H  N  R  S  T  A  J  P  B  R  S  L  P  Y
M  S  A  V  E  D  A  H  I  M  J  P  T  N  K  O
R  N  T  L                       H  U  W  U
```

IF YOU	BELIEVE	THE
CONFESS	IN YOUR HEART	DEAD
WITH	THAT	YOU
YOUR	GOD	WILL BE
MOUTH	RAISED	SAVED
JESUS IS LORD	HIM	
AND	FROM	

Romans 10:9 _____

_____

_____

Saved by Grace Alone

Ephesians 2:8-9

The Bible teaches us that salvation is a free gift that God wants to give to us. It's because of His grace, or His goodness, that we are able to become saved. We can't go to heaven by being good on our own; only Jesus can change our hearts to become right and pure.

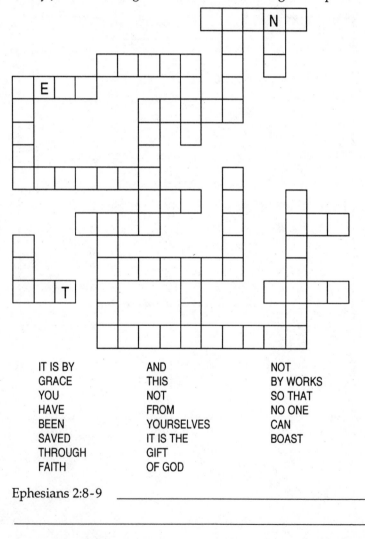

IT IS BY	AND	NOT
GRACE	THIS	BY WORKS
YOU	NOT	SO THAT
HAVE	FROM	NO ONE
BEEN	YOURSELVES	CAN
SAVED	IT IS THE	BOAST
THROUGH	GIFT	
FAITH	OF GOD	

Ephesians 2:8-9 _____

_____

_____

Eternal Life in Christ

1 John 5:11

To find out what 1 John 5:11 says, block out all the letters that appear above the odd numbers. Then read the letters that are still uncovered and see what they say.

T	H	G	W	O	K	L	D	F	H	Y	A	W	E	S	R
1	3	2	5	4	7	9	6	11	8	13	10	15	17	12	19

Y	G	J	I	K	L	V	W	Q	E	M	N	U	K	S	R
21	14	23	16	25	27	18	29	31	20	33	22	24	35	26	37

E	H	T	W	E	R	B	N	E	A	K	J	T	C	L	G
28	39	30	41	32	34	43	36	45	38	47	49	51	53	40	55

K	L	I	T	W	F	X	E	Q	A	K	P	N	T	E	D
57	42	44	59	61	46	63	48	65	50	67	69	52	71	73	54

H	T	U	P	H	R	W	I	S	U	L	R	I	C	F	E
75	56	77	79	58	81	83	60	62	85	64	87	66	89	68	70

J	I	T	S	B	I	E	H	N	W	H	Y	I	J	D	S
91	72	93	74	95	76	97	99	78	53	80	55	82	57	59	84

H	J	L	P	S	R	T	B	O	M	D	W	A	N	R	J
61	63	65	67	86	69	71	73	88	75	77	79	81	90	83	85

1 John 5:11 _____

_____

_____

Chosen Before the World Began
Ephesians 1:4

Before God made the earth, sun, moon, and stars, He chose you to become one of His children! He knew all about you before the creation of the world. Isn't that amazing?

The verse below is written in secret code. Use the code key to figure out which letters to write above the numbers. For example, number 18 is the letter "A."

```
__ __      __ __ __ __ __          __ __
25 22      20 25 6  10 22          12 10

__ __      __ __ __      __ __ __ __ __ __
26 5       25 26 4       19 22 23 6  9  22

__ __ __      __ __ __ __ __ __ __
11 25 22      20 9  22 18 11 26 6  5

__ __      __ __ __      __ __ __ __ __
6  23      11 25 22      14 6  9  3  21

     __ __      __ __      __ __ __ __
     11 6       19 22      25 6  3  16

__ __ __      __ __ __ __ __ __ __ __ __
18 5  21      19 3  18 4  22 3  22 10 10

__ __      __ __ __      __ __ __ __ __
26 5       25 26 10      10 26 24 25 11
```

Code key:

A	B	C	D	E	F	G	H	I	J	K
18	19	20	21	22	23	24	25	26	1	2

L	M	N	O	P	Q	R	S	T	U	V
3	4	5	6	7	8	9	10	11	12	13

W	X	Y	Z
14	15	16	17

Ephesians 1:4 _____

_____

_____

Forever Forgiven!

Romans 8:1

Once we become a child of God, nothing will ever separate us from God. We will not lose our salvation because Jesus paid for all our sins. We will not receive condemnation, which means punishment. Instead, we will receive eternal life.

To find out what Romans 8:1 says, unscramble the letters on the left side, and write the words correctly on the blank lines to the right.

HRETE   _ _ _ _ _

SI   _ _

OWN   _ _ _

ON   _ _

MCNODAENTNOI   _ _ _ _ _ _ _ _ _ _ _

OFR   _ _ _

SHETO   _ _ _ _ _

HWO   _ _ _

EAR   _ _ _

NI   _ _

RTCSHI   _ _ _ _ _ _

SESUJ   _ _ _ _ _

Romans 8:1 _____

_____

_____

Salvation Brings Us Blessings

Ephesians 1:3

When we become children of God, we are given many blessings. We are given life, joy, a new heart, friendship with Jesus, and the promise of living forever in heaven with God. Remember to thank God for these blessings!

```
          R D G M J W V R
    B T   W H O N I E L M   R D
    A L D K T D B L E S S I N G
    R E J R L E C V P U A L
  K M E C S K G T N R I D S E C N
  T L U H Q S H O V S R E A L M S
  R Q T R L M E R A C I T O V O R
  P R A I S E A D L P T Z S R F T
  F Y U S G R V C U K U B L D O L
  G A R T L M E Y I S A H I O U N
  L Q T J W A N D H C L P N I R E
  J C Y H D H L R S Y E M T E M D
  H A S L E Q Y Z W J R V H W E A
    D K O R D R I C K R E K
    I N C H R I S T L T B J R C
    J L   J W R L H B H R   L Y
          W K Y T V R E S
```

PRAISE	LORD	HEAVENLY
BE TO	JESUS	REALMS
THE	CHRIST	WITH
GOD	WHO	EVERY
AND	HAS	SPIRITUAL
FATHER	BLESSED US	BLESSING
OF OUR	IN THE	IN CHRIST

Ephesians 1:3 _____

_____

_____

Our Answer Book,
the Bible

God's Word Is True Forever
1 Peter 1:25

Newspapers change every day. When people discover new information about science or history, books have to be changed. Everything that man makes needs new information, new knowledge, or changing. But God's Word, the Bible, will never change. The Bible is completely true and correct because a true and perfect God wrote it. Isn't it wonderful to know that we can always trust the Bible?

To put the following words in the right order, start at the beginning of each rope and follow it to the correct blank line.

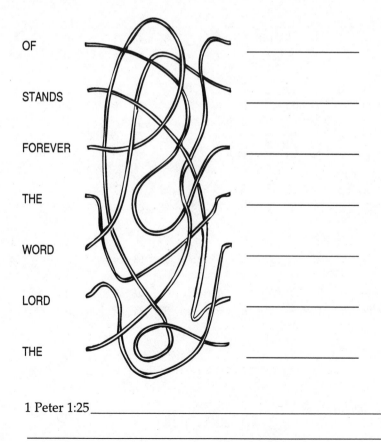

OF

STANDS

FOREVER

THE

WORD

LORD

THE

1 Peter 1:25 _____

God's Word Is Perfect
Psalm 19:7a

Because the Bible is perfect, we can believe and trust everything it says. Psalm 19:7 also says the Bible revives our souls. It shows us the way to life.

Block out all the letters that appear above the odd numbers. Then read the letters that are still uncovered and see what Psalm 19:7a says.

G	T	Y	J	H	S	E	D	L	F	G	A	C	W	L
1	2	3	5	4	7	6	9	8	11	13	10	15	12	17

H	U	O	W	E	F	G	T	Y	U	H	W	R	E	V
19	21	14	23	25	16	27	18	29	31	20	33	35	22	37

E	K	L	W	O	T	R	C	D	O	I	K	S	B	M
39	41	24	43	26	45	28	47	30	49	32	51	34	53	55

S	B	P	Q	E	R	G	F	H	E	C	N	T	J	D
57	59	36	61	38	40	63	42	65	44	46	67	48	69	71

T	R	H	E	Q	C	V	I	W	V	I	M	N	W	G
73	50	75	52	77	79	54	56	81	58	60	83	62	85	64

J	T	E	H	S	E	B	S	I	O	K	B	U	T	L
87	66	89	68	91	70	93	72	95	74	97	99	76	47	78

Psalm 19:7a _____

_____

_____

The Bible Makes Us Wise

Psalm 19:7b

To find out what Psalm 19:7b says, unscramble the letters on the left side of this page and spell out the words correctly on the blank lines to the right.

HET   — — —

TSATESTU   — — — — — — — —

FO   — —

ETH   — — —

RLDO   — — — —

EAR   — — —

WYTSRTHUOTR   — — — — — — — — — —

GKMNAI   — — — — — —

SWEI   — — — —

HTE   — — —

PISLME   — — — — — —

Psalm 19:7b   _____

_____

_____

A Light That Shows the Way
Psalm 119:105

If we walk in the dark without the help of a light, we might accidentally stumble over something, bump into a wall, or trip and hurt ourselves. But with a light we can see what we are doing and where we are going. It's much safer to use a light!

Because we live in a world that is dark from sin, we need the light of God's Word to help us live right. When you read God's Word, you will be able to make sure you stay on His path for your life.

See if you can unscramble the letters in the words below.

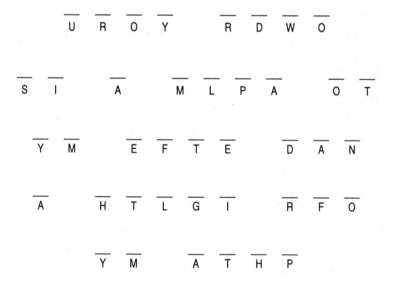

U R O Y   R D W O

S I   A   M L P A   O T

Y M   E F T E   D A N

A   H T L G I   R F O

Y M   A T H P

Psalm 119:105 _____

_____

_____

Our Guide to the Christian Life
2 Timothy 3:16

The Bible is an amazing book. In it, God tells us how we can grow stronger and wiser. The Bible also helps us to see if we're doing anything wrong in our lives. In fact, the Bible tells us everything we need to know about living the Christian life!

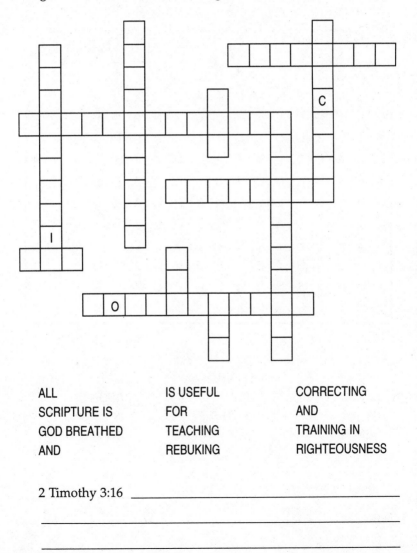

ALL	IS USEFUL	CORRECTING
SCRIPTURE IS	FOR	AND
GOD BREATHED	TEACHING	TRAINING IN
AND	REBUKING	RIGHTEOUSNESS

2 Timothy 3:16 _____

_____

_____

The Bible Helps Us Grow

1 Peter 2:2

Just like a baby needs milk to grow, we who are Christians need to read and memorize the Bible to grow. The Bible teaches us how to become stronger in every area of the Christian life.

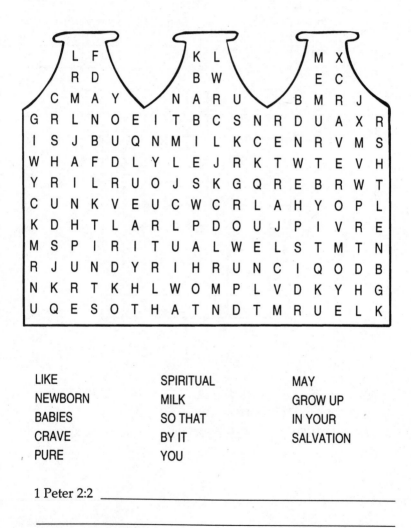

```
        L  F              K  L              M  X
        R  D              B  W              E  C
     C  M  A  Y        N  A  R  U        B  M  R  J
  G  R  L  N  O  E  I  T  B  C  S  N  R  D  U  A  X  R
  I  S  J  B  U  Q  N  M  I  L  K  C  E  N  R  V  M  S
  W  H  A  F  D  L  Y  L  E  J  R  K  T  W  T  E  V  H
  Y  R  I  L  R  U  O  J  S  K  G  Q  R  E  B  R  W  T
  C  U  N  K  V  E  U  C  W  C  R  L  A  H  Y  O  P  L
  K  D  H  T  L  A  R  L  P  D  O  U  J  P  I  V  R  E
  M  S  P  I  R  I  T  U  A  L  W  E  L  S  T  M  T  N
  R  J  U  N  D  Y  R  I  H  R  U  N  C  I  Q  O  D  B
  N  K  R  T  K  H  L  W  O  M  P  L  V  D  K  Y  H  G
  U  Q  E  S  O  T  H  A  T  N  D  T  M  R  U  E  L  K
```

LIKE	SPIRITUAL	MAY
NEWBORN	MILK	GROW UP
BABIES	SO THAT	IN YOUR
CRAVE	BY IT	SALVATION
PURE	YOU	

1 Peter 2:2 _____

_____

_____

The Bible Brings Joy
Psalm 19:8

Did you know that when you follow God's precepts (or teachings) in the Bible, you will know joy in your heart? God made us so that we will feel happy when we do what is right, and we will feel bad or guilty when we do what is wrong. If you want to know joy, then let the Bible help you know how to live in a way that is right and pleasing to God!

To find out what Psalm 19:8 says, block out every other letter. Then read the letters that are still uncovered and see what they say. The first word is done for you.

T H E ~~X~~   P J R V E H C Q E J P C T D S E
T H E   _ _ _ _ _ _ _ _

O K F T   T B H I E A   L G O S R G D M
_ _   _ _ _   _ _ _ _

A K R B E J   R H I N G Q H E T C
_ _ _   _ _ _ _ _

G N I L V S I G N S G W   J N O E Y D
_ _ _ _ _ _   _ _ _

T J O L   T B H J E G   H Y E X A F R L T B
_ _   _ _ _   _ _ _ _ _

Psalm 19:8 _____

_____

_____

God's Word Helps Keep Us Pure
Psalm 119:11

What is the best way to avoid falling into temptation and doing something wrong? Memorize God's Word in your heart. That will help you make the right choices in life. For example, if you are tempted to lie, you will find it helpful to remember what the Bible says about lying. Or, if you need help with a different problem, find a Bible verse that deals with that problem and memorize it. You'll be amazed at how much the Bible can help you!

The verse below is written in secret code. Use the code key to figure out which letters to write above the numbers. For example, number 18 is the letter "A."

$\overline{26}$ $\overline{25}$ $\overline{18}$ $\overline{13}$ $\overline{22}$

$\overline{25}$ $\overline{26}$ $\overline{21}$ $\overline{21}$ $\overline{22}$ $\overline{5}$ $\overline{16}$ $\overline{6}$ $\overline{12}$ $\overline{9}$

$\overline{14}$ $\overline{6}$ $\overline{9}$ $\overline{21}$ $\overline{26}$ $\overline{5}$ $\overline{4}$ $\overline{16}$

$\overline{25}$ $\overline{22}$ $\overline{18}$ $\overline{9}$ $\overline{11}$ $\overline{11}$ $\overline{25}$ $\overline{18}$ $\overline{11}$

$\overline{26}$ $\overline{4}$ $\overline{26}$ $\overline{24}$ $\overline{25}$ $\overline{11}$ $\overline{5}$ $\overline{6}$ $\overline{11}$

$\overline{10}$ $\overline{26}$ $\overline{5}$ $\overline{18}$ $\overline{24}$ $\overline{18}$ $\overline{26}$ $\overline{5}$ $\overline{10}$ $\overline{11}$ $\overline{16}$ $\overline{6}$ $\overline{12}$

Code key:

A	B	C	D	E	F	G	H	I	J	K
18	19	20	21	22	23	24	25	26	1	2

L	M	N	O	P	Q	R	S	T	U	V
3	4	5	6	7	8	9	10	11	12	13

W	X	Y	Z
14	15	16	17

Psalm 119:11 _____

_____

_____

A Double-Edged Sword
Hebrews 4:12

When we read the Bible, it helps us to know if our thoughts or attitudes are right or wrong. The Bible is like a sharp, two-edged sword that shows what is inside our hearts.

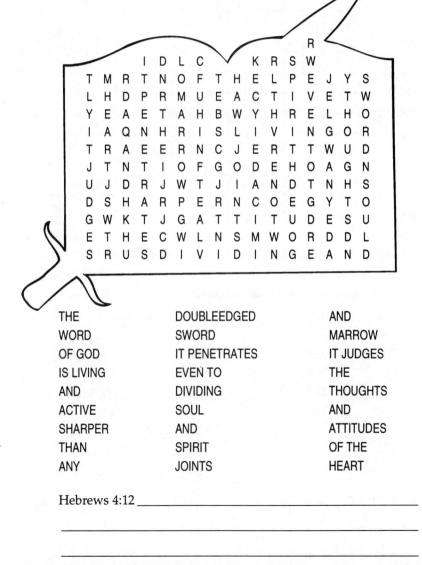

```
              I  D  L  C        K  R  S  W
                              R
     T  M  R  T  N  O  F  T  H  E  L  P  E  J  Y  S
     L  H  D  P  R  M  U  E  A  C  T  I  V  E  T  W
     Y  E  A  E  T  A  H  B  W  Y  H  R  E  L  H  O
     I  A  Q  N  H  R  I  S  L  I  V  I  N  G  O  R
     T  R  A  E  E  R  N  C  J  E  R  T  T  W  U  D
     J  T  N  T  I  O  F  G  O  D  E  H  O  A  G  N
     U  J  D  R  J  W  T  J  I  A  N  D  T  N  H  S
     D  S  H  A  R  P  E  R  N  C  O  E  G  Y  T  O
     G  W  K  T  J  G  A  T  T  I  T  U  D  E  S  U
     E  T  H  E  C  W  L  N  S  M  W  O  R  D  D  L
     S  R  U  S  D  I  V  I  D  I  N  G  E  A  N  D
```

THE	DOUBLEEDGED	AND
WORD	SWORD	MARROW
OF GOD	IT PENETRATES	IT JUDGES
IS LIVING	EVEN TO	THE
AND	DIVIDING	THOUGHTS
ACTIVE	SOUL	AND
SHARPER	AND	ATTITUDES
THAN	SPIRIT	OF THE
ANY	JOINTS	HEART

Hebrews 4:12 _____

_____

_____

Our Key to True Success

Joshua 1:8

Did you know that when you put God first in your life, He will take care of everything for you? A great way to keep Him first in your life is to think about His Book (the Bible) every day and night.

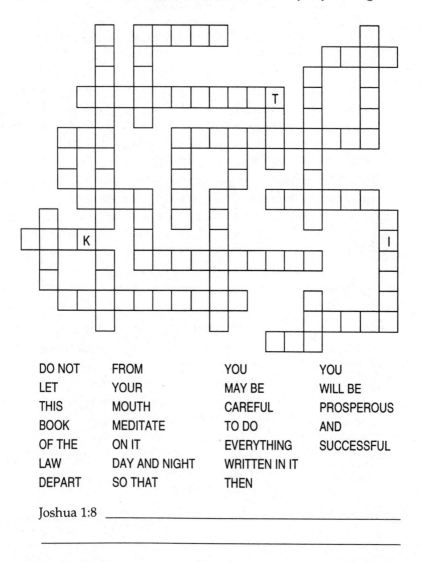

DO NOT	FROM	YOU	YOU
LET	YOUR	MAY BE	WILL BE
THIS	MOUTH	CAREFUL	PROSPEROUS
BOOK	MEDITATE	TO DO	AND
OF THE	ON IT	EVERYTHING	SUCCESSFUL
LAW	DAY AND NIGHT	WRITTEN IN IT	
DEPART	SO THAT	THEN	

Joshua 1:8 _____

_____

_____

The Reward of Obeying the Bible
Luke 11:28

Jesus said that anyone who hears and obeys the Bible will be blessed. The word blessed means "happy." God will bring true joy into the life of the person who obeys His Word.

The verse below is written in secret code. Use the code key to figure out which letters to write above the numbers. For example, number 14 is the letter "A."

```
 15   25   18    6    6   18   17


  5   14    7   21   18    5        14    5   18


  7   21    2    6   18             10   21    2


 21   18   14    5         7   21   18


 10    2    5   17         2   19        20    2   17


 14    1   17         2   15   18   12        22    7
```

A	B	C	D	E	F	G	H	I	J	K
14	15	16	17	18	19	20	21	22	23	24

L	M	N	O	P	Q	R	S	T	U	V
25	26	1	2	3	4	5	6	7	8	9

		W	X	Y	Z
		10	11	12	13

Luke 11:28 _____

_____

_____

Living the
Christian Life

Doing All to God's Glory
1 Corinthians 10:31

Can your family and friends tell that you love God by the way you think, talk, and act? What are some ways you can show your love for God at home? at school? with your family? with your friends? When you do those things you will glorify God—you will be putting Him first in your life and other people will thank Him for what He is doing through you.

The verse below is written in secret code. Use the code key to figure out which letters to write above the numbers. For example, number 8 is the letter "A."

— — — — — — —   — — —   — — —
4 15 12 1 15 12 25   6 22 2   12 8 1

— —   — — — — —   — —
22 25   11 25 16 21 18   22 25

— — — — — — — —   — — —
4 15 8 1 12 3 12 25   6 22 2

— —   — —   — —   — — —
11 22   11 22   16 1   8 19 19

— — —   — — —   — — — — —
13 22 25   1 15 12   14 19 22 25 6

— —   — — —
22 13   14 22 11

Code key:

A	B	C	D	E	F	G	H	I	J	K
8	9	10	11	12	13	14	15	16	17	18

L	M	N	O	P	Q	R	S	T	U	V
19	20	21	22	23	24	25	26	1	2	3

W	X	Y	Z
4	5	6	7

1 Corinthians 10:31 _____

_____

_____

The Bible in Your Heart
Colossians 3:16

The best way to use the Bible is to put it in your heart. How can you do that? By memorizing important verses that teach you about God, Jesus, and the Christian life. When you store Bible verses in your heart, they are ready for you whenever you need them—even if your Bible isn't with you!

To put the following words in the right order, start at the beginning of each rope and follow it to the correct blank line.

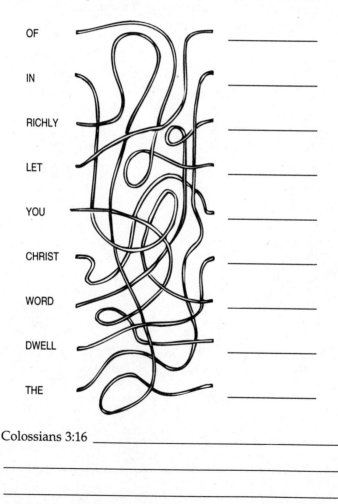

OF

IN

RICHLY

LET

YOU

CHRIST

WORD

DWELL

THE

Colossians 3:16 _____

_____

_____

Sharing Your Needs with God
Philippians 4:6

Are you worried about something? God wants you to share your worries with Him. When you do that, He can help replace your worry with peace.

```
D  L  R  T  S  N           C  T  W  M  R  A
H  T  W  B  J  W  Z  L  L  P  E  W  R  V  K  B  C
R  N  H  E  G  R  T  S  H  N  R  B  S  Q  N  T  D
V  W  Q  A  S  D  W  G  Y  C  D  E  N  J  D  W  H
S  E  H  C  N  Y  A  N  X  I  O  U  S  T  S  A  B
T  V  B  D  R  K  T  D  P  T  N  D  C  E  O  N  Q
   E  J  E  S  M  S  A  E  S  O  Z  E  D  N  Y
   R  N  M  P  R  N  G  T  R  T  S  N  L  P  T
   Y  O  U  R  E  P  Z  I  P  B  H  D  T  W  H
   T  J  Y  B  Q  G  N  T  V  E  C  S  R  H  I
   H  W  U  M  U  H  J  I  G  I  B  U  T  I  N
O  I  V  P  R  E  A  B  O  U  T  N  K  E  C  G  R
K  N  D  E  R  S  T  G  N  D  H  N  G  V  H  N  T
X  G  K  J  P  T  C  N  V  S  R  Y  L  O  K  L  O
A  R  J  C  T  S  K  D  G  T  Y  Z  U  R  A  Y  G
L  N  W  E  B  Y  P  R  A  Y  E  R  H  C  V  R  O
D  K  D  R  N  U           J  O  F  G  K  D
```

DO NOT BE	PETITION
ANXIOUS	WITH
ABOUT	THANKSGIVING
ANYTHING	PRESENT
BUT IN	YOUR
EVERYTHING	REQUESTS
BY PRAYER	TO GOD
AND	

Philippians 4:6 _____

_____

_____

Why Church Is Important
Hebrews 10:24-25

The first reason we go to church is to let God know we love Him. Do you know what the second reason is? To show love and be helpful to our friends at church. God wants all His people to meet together regularly so they can grow together.

The verse below is written in secret code. Use the code key to figure out which letters to write above the numbers. For example, number 16 is the letter "A."

— — —   — —   — — — — — — — —
1 20 9   10 8   18 4 3 8 24 19 20 7

— — —   — —   — — —   — — — —
23 4 12   12 20   2 16 14   8 5 10 7

— — —   — — — — — — —   — —
4 3 20   16 3 4 9 23 20 7   4 3

— — — — — —   — — — —   — — —
9 4 12 16 7 19   1 4 11 20   16 3 19

— — — —   — — — — —   — — —
22 4 4 19   19 20 20 19 8   1 20 9

— —   — — —   — — — —   — —
10 8   3 4 9   22 24 11 20   10 5

— — — — — — —   — — — — — — — —
2 20 20 9 24 3 22   9 4 22 20 9 23 20 7

Code key:

A	B	C	D	E	F	G	H	I	J	K
16	17	18	19	20	21	22	23	24	25	26

L	M	N	O	P	Q	R	S	T	U	V
1	2	3	4	5	6	7	8	9	10	11

W	X	Y	Z
12	13	14	15

Hebrews 10:24-25 _____

_____

_____

The Right Kinds of Thoughts
Philippians 4:8

What kinds of thoughts are in your mind today? Have you been angry at someone? Do you wish you could hurt someone back? Those kinds of thoughts make God sad. He wants us to think about what is true, right, pure, and anything else that is good.

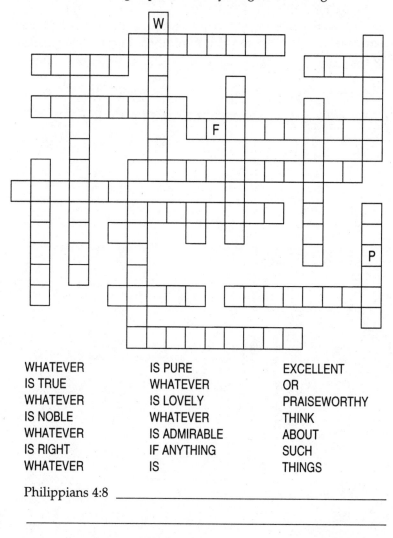

WHATEVER	IS PURE	EXCELLENT
IS TRUE	WHATEVER	OR
WHATEVER	IS LOVELY	PRAISEWORTHY
IS NOBLE	WHATEVER	THINK
WHATEVER	IS ADMIRABLE	ABOUT
IS RIGHT	IF ANYTHING	SUCH
WHATEVER	IS	THINGS

Philippians 4:8 _____

_____

_____

The Right Kinds of Attitudes
Colossians 3:12

Did you know that the attitudes in your heart shape the actions or behavior you show? For example, when you have kindness in your heart, then you will show kindness in your actions. What kind of attitudes does God want you to have? The answer is in Colossians 3:12.

The verse below is written in secret code. Use the code key to figure out which letters to write above the numbers. For example, number 19 is the letter "A."

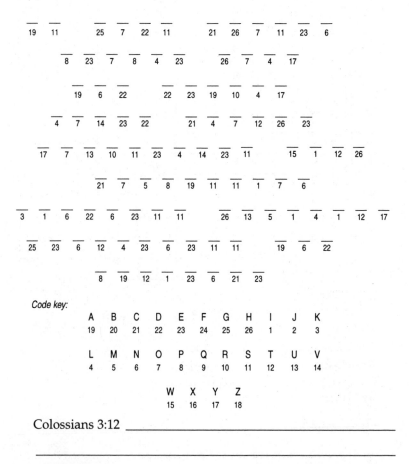

```
 __  __      __  __  __  __        __  __  __  __  __  __
 19  11      25   7  22  11        21  26   7  11  23   6

          __  __  __  __  __  __        __  __  __  __
           8  23   7   8   4  23        26   7   4  17

              __  __  __      __  __  __  __  __  __
              19   6  22      22  23  19  10   4  17

          __  __  __  __  __      __  __  __  __  __  __
           4   7  14  23  22      21   4   7  12  26  23

   __  __  __  __  __  __  __  __  __  __      __  __  __  __
   17   7  13  10  11  23   4  14  23  11      15   1  12  26

              __  __  __  __  __  __  __  __  __
              21   7   5   8  19  11  11   1   7   6

 __  __  __  __  __  __  __  __      __  __  __  __  __  __  __  __
  3   1   6  22   6  23  11  11      26  13   5   1   4   1  12  17

 __  __  __  __  __  __  __  __  __  __      __  __  __
 25  23   6  12   4  23   6  23  11  11      19   6  22

              __  __  __  __  __  __  __  __
               8  19  12   1  23   6  21  23
```

Code key:

A	B	C	D	E	F	G	H	I	J	K
19	20	21	22	23	24	25	26	1	2	3

L	M	N	O	P	Q	R	S	T	U	V
4	5	6	7	8	9	10	11	12	13	14

W	X	Y	Z
15	16	17	18

Colossians 3:12 _____

_____

_____

The Right Kind of Talk
Ephesians 4:29

The way we talk can either help other people or hurt them. When you talk to people, do they know that you care about them? Do you say things that build up other people, or tear them down? It's always a good idea to think about what you will say before you say it!

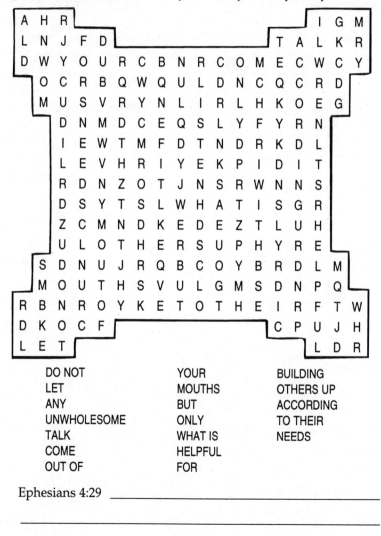

DO NOT	YOUR	BUILDING
LET	MOUTHS	OTHERS UP
ANY	BUT	ACCORDING
UNWHOLESOME	ONLY	TO THEIR
TALK	WHAT IS	NEEDS
COME	HELPFUL	
OUT OF	FOR	

Ephesians 4:29 _____

_____

_____

Loving Your Enemies
Matthew 5:44

Did you know that Jesus loved even the people who nailed Him to the cross? He showed love not only to His friends, but also to His enemies. He wants us to do the same. Yes, it is hard to love your enemies, but it's important because your love may help them come to God.

To find out what Matthew 5:44 says, block out every other letter. Then write the remaining letters on the spaces below. The first word is done for you.

L ~~N~~ O ~~L~~ V ~~X~~ E ~~R~~   Y V O E U G R C

<u>L</u>   <u>O</u>   <u>V</u>   <u>E</u>   __ __ __ __

E C N S E I M L I O E R S D

__ __ __ __ __ __

A K N R D A   P S R V A T Y B

__ __ __   __ __ __ __

F I O S R T

__ __ __

T R H V O A S Y E O   W N H W O I

__ __ __ __ __   __ __ __

P J E B R L S A E V C E U D T V E J

__ __ __ __ __ __ __ __ __

Y D O T U C

__ __ __

Matthew 5:44 _____

_____

_____

Prayer and Giving Thanks
1 Thessalonians 5:17-18

Why are prayer and giving thanks so important? Prayer helps us to remember that God is a loving Father who takes care of our needs, and giving thanks helps us to remember that every good gift comes from Him.

The verse below is written in secret code. Use the code key to figure out which letters to write above the numbers. For example, number 25 is the letter "A."

```
___  ___  ___  ___      ___  ___  ___  ___  ___  ___  ___  ___  ___  ___  ___
 14   16   25   23        1   13   12   18    7   12   19   25   10   10   23

          ___  ___  ___  ___      ___  ___  ___  ___  ___  ___
            5    7   20    3       18    6   25   12    9   17

                    ___  ___      ___  ___  ___
                      7   12       25   10   10

     ___  ___  ___  ___  ___  ___  ___  ___  ___  ___  ___  ___  ___
       1    7   16    1   19   11   17   18   25   12    1    3   17

          ___  ___  ___      ___  ___  ___  ___      ___  ___
            4   13   16       18    6    7   17        7   17

     ___  ___  ___  ___      ___  ___  ___  ___      ___  ___  ___
       5   13    2   17       21    7   10   10        4   13   16

     ___  ___  ___      ___  ___      ___  ___  ___  ___  ___
      23   13   19        7   12        1    6   16    7   17   18

               ___  ___  ___  ___  ___
                 8    3   17   19   17
```

Code key:

A	B	C	D	E	F	G	H	I	J	K
25	26	1	2	3	4	5	6	7	8	9

L	M	N	O	P	Q	R	S	T	U	V
10	11	12	13	14	15	16	17	18	19	20

W	X	Y	Z
21	22	23	24

1 Thessalonians 5:17-18 _____

_____

_____

Telling Others About Jesus
Matthew 28:19-20

Who helped you receive Jesus into your heart? Are you glad that person helped you? When you help one of your friends to accept Jesus in his heart, he will be glad that you helped him!

GO AND	IN THE	HOLY	EVERYTHING
MAKE	NAME	SPIRIT	I HAVE
DISCIPLES	OF THE	AND	COMMANDED
OF ALL	FATHER	TEACHING	YOU
NATIONS	AND OF THE	THEM	
BAPTIZING	SON	TO	
THEM	AND OF THE	OBEY	

Matthew 28:19-20 _____

_____

_____

Loving Our Family
and Friends

Showing God's Love to Others
1 John 4:7

Where does love come from? God! He fills our hearts with the love we are to show to other people.

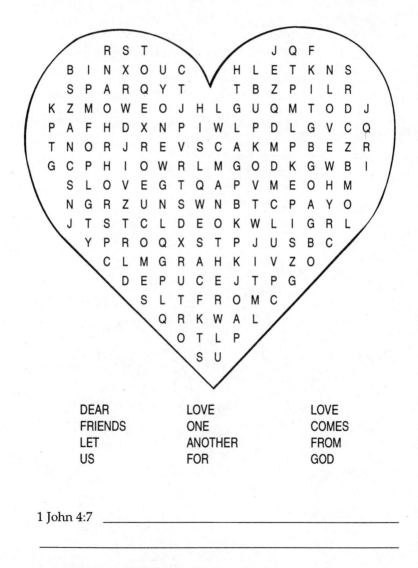

DEAR	LOVE	LOVE
FRIENDS	ONE	COMES
LET	ANOTHER	FROM
US	FOR	GOD

1 John 4:7 _____

_____

_____

Loving Your Parents
Ephesians 6:1

Why does God want us to obey Him? Because He is wise and knows what is best for us. That is the same reason God wants us to obey our parents—they are wise and know what's best. When we obey them, we are showing that we love them.

To put the following words in the right order, start at the beginning of each rope and follow it to the correct blank line.

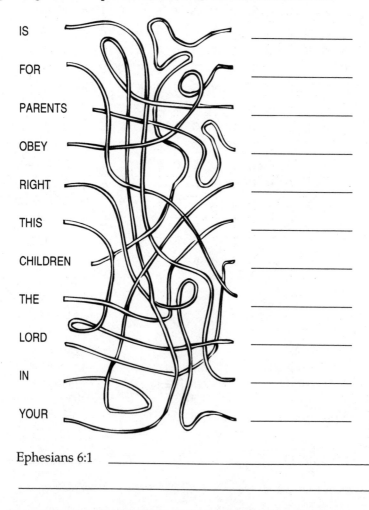

IS

FOR

PARENTS

OBEY

RIGHT

THIS

CHILDREN

THE

LORD

IN

YOUR

Ephesians 6:1 _____

God's Kind of Love
1 Corinthians 13:4-5

Many people have different ideas of what it means to show love to another person. In 1 Corinthians 13:4-5, God tells us exactly what love is. You can find out more about God's kind of love by doing this crossword puzzle.

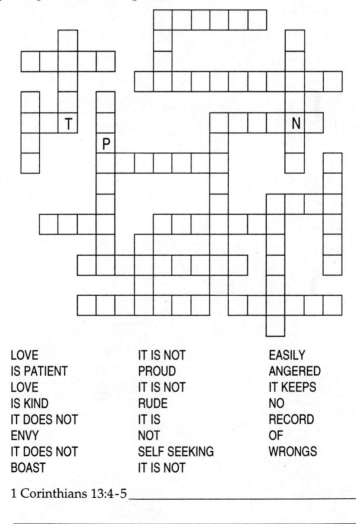

LOVE	IT IS NOT	EASILY
IS PATIENT	PROUD	ANGERED
LOVE	IT IS NOT	IT KEEPS
IS KIND	RUDE	NO
IT DOES NOT	IT IS	RECORD
ENVY	NOT	OF
IT DOES NOT	SELF SEEKING	WRONGS
BOAST	IT IS NOT	

1 Corinthians 13:4-5 _____

_____

_____

Loving One Another
1 John 4:11

To find out what Jesus said in 1 John 4:11, block out every other letter. Then write the remaining letters on the blank lines. The first word is done for you.

D C E S A R N   F Y R C I Y E A N M D U S C

<u>D</u> <u>E</u> <u>A</u> <u>R</u>   _ _ _ _ _ _ _

S H I C N R C G E Y   G K O T D R

_ _ _ _ _ _   _ _ _

S H O C   L A O Y V S E H D M

_ _   _ _ _ _ _

U R S W   W S E T   A J L W S I O L

_ _   _ _ _   _ _ _ _

O E U V G X H A T G   T P O M

_ _ _ _ _   _ _

L H O C V R E G   O G N O E D

_ _ _ _ _   _ _ _

A H N C O R T G H V E W R K

_ _ _ _ _ _ _

1 John 4:11 _____

_____

_____

Don't Fight Back
1 Thessalonians 5:15

When someone hurts us usually we want to hurt that person back. However, just because someone does something wrong to us doesn't mean it's okay for us to do wrong. Instead, we should try to show kindness. Remember that Jesus lives in our hearts, and He can help us show kindness.

See if you can unscramble the letters in the words below.

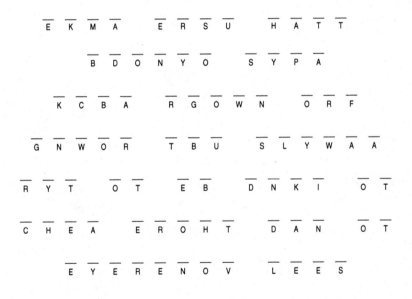

```
E  K  M  A      E  R  S  U      H  A  T  T

      B  D  O  N  Y  O      S  Y  P  A

K  C  B  A      R  G  O  W  N      O  R  F

G  N  W  O  R      T  B  U      S  L  Y  W  A  A

R  Y  T    O  T    E  B    D  N  K  I    O  T

C  H  E  A    E  R  O  H  T    D  A  N    O  T

      E  Y  E  R  E  N  O  V      L  E  E  S
```

1 Thessalonians 5:15 _____

_____

_____

Forgiving People Who Hurt You

Ephesians 4:32

When a person does something wrong against you, what should you do? Forgive that person. When you forgive, you are saying, "I will not hurt you back. Let's be friends again."

The verse below is written in secret code. Use the code key to figure out which letters to write above the numbers. For example, number 5 is the letter "A."

```
 __  __      __  __  __  __      __  __  __
  6   9      15  13  18   8       5  18   8

__  __  __  __  __  __  __  __  __  __  __  __  __
 7  19  17  20   5  23  23  13  19  18   5  24   9

__  __      __  __  __      __  __  __  __  __  __
24  19      19  18   9       5  18  19  24  12   9  22

__  __  __  __  __  __  __  __  __      __  __  __  __
10  19  22  11  13  26  13  18  11       9   5   7  12

__  __  __  __  __      __  __  __  __      __  __
19  24  12   9  22      14  25  23  24       5  23

__  __      __  __  __  __  __  __      __  __  __
13  18       7  12  22  13  23  24      11  19   8

   __  __  __  __  __  __  __      __  __  __
   10  19  22  11   5  26   9       3  19  25
```

Code key:

A	B	C	D	E	F	G	H	I	J	K
5	6	7	8	9	10	11	12	13	14	15

L	M	N	O	P	Q	R	S	T	U	V
16	17	18	19	20	21	22	23	24	25	26

W	X	Y	Z
1	2	3	4

Ephesians 4:32 _____

_____

_____

Sharing and Helping

Romans 12:13

We all enjoy receiving gifts or having people share with us. But there is an even greater joy in giving to others the things they need. How can you help or share with another person today?

Block out all the letters that appear above the odd numbers. Then read the letters that are still uncovered, and see what Romans 12:13 says.

J	B	S	E	R	H	D	K	A	X	R
1	3	2	5	7	4	9	11	6	13	8

S	E	T	L	N	E	W	R	I	T	S
15	10	17	19	21	23	12	25	14	16	27

H	T	G	Y	O	R	D	Q	W	S	P
18	29	20	31	22	33	24	35	37	26	28

H	R	E	W	O	P	R	L	Y	E	W
39	41	30	43	32	34	45	36	47	38	40

Y	H	N	O	T	A	E	R	W	E	N
49	42	51	44	53	46	55	48	57	50	59

I	T	N	R	N	E	Q	E	D
52	61	54	63	56	58	65	60	62

Romans 12:13 _____

_____

_____

Serving Other People First
Philippians 2:4

Have you ever played with a friend who wants to have all the fun and won't let you have fun too? Or eaten with someone who wants the biggest or best pieces of food for himself without thinking about others? What can you do to make sure you are not selfish? What are some ways you can serve other people before you serve yourself?

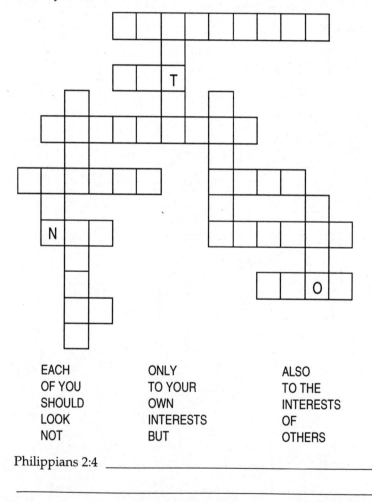

EACH	ONLY	ALSO
OF YOU	TO YOUR	TO THE
SHOULD	OWN	INTERESTS
LOOK	INTERESTS	OF
NOT	BUT	OTHERS

Philippians 2:4 _____

_____

_____

Helping People with Their Burdens

Galatians 6:2

The Bible tells us to help other people with their burdens, which means to help them with their problems. If you know a friend who needs help, go and help him or her. It is easier for two people to take care of a problem together than for one person to do it alone. Wouldn't you like to have friends who help you with your problems?

Unscramble the letters below and spell out the words on the blank lines.

RCYRA — — — — —

CEHA — — — —

ESTOHR — — — — — —

DNBRUSE — — — — — — —

DAN — — —

NI — —

IHST — — — —

YWA — — —

OYU — — —

LWLI — — — —

LFLILUF — — — — — — —

ETH — — —

WAL — — —

FO — —

IHTCSR — — — — — —

Galatians 6:2 _____

_____

_____

Are You an Encourager?

1 Thessalonians 5:11

Do you know what the word *encourage* means? It means to lift up, give cheer to, build up, or make another person happy. What are some ways you can be an encourager today?

The verse below is written in secret code. Use the code key to figure out which letters to write above the numbers. For example, number 12 is the letter "A."

16	25	14	26	6	3	12	18	16		26	25	16

12	25	26	5	19	16	3		12	25	15

13	6	20	23	15		16	12	14	19

26	5	19	16	3		6	1

Code key:

A	B	C	D	E	F	G	H	I	J	K
12	13	14	15	16	17	18	19	20	21	22

L	M	N	O	P	Q	R	S	T	U	V
23	24	25	26	1	2	3	4	5	6	7

W	X	Y	Z
8	9	10	11

1 Thessalonians 5:11 _____

_____

_____

Getting Along

1 Thessalonians 5:13

God wants all His children to get along; that's what He tells us in 1 Thessalonians 5:13. To put the following words in the right order, start at the beginning of each rope and follow it to the correct blank line.

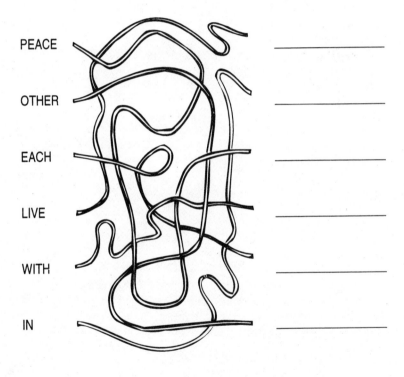

PEACE   _____

OTHER   _____

EACH   _____

LIVE   _____

WITH   _____

IN   _____

1 Thessalonians 5:13 _____

_____

_____

God's Promises
to You

God Is Always with You!
Hebrews 13:5

To find out God's special promise in Hebrews 13:5, block out all the letters that appear above the odd numbers Then read the letters that are still uncovered—that is, the letters above all the even numbers.

A	N	I	E	V	R	O	I	E	R	U	W	B	I
1	2	3	4	6	5	7	9	8	10	11	12	13	14

L	M	L	C	I	D	L	E	J	A	G	V	S	E
16	15	18	17	20	19	22	24	21	26	23	28	25	30

Y	I	O	N	U	E	N	A	E	X	V	F	G	E
32	27	34	29	36	31	38	33	40	35	42	37	39	44

R	W	O	I	L	T	L	V	I	F	O	M	R	S
46	48	41	50	52	43	54	45	56	58	60	47	62	64

U	B	A	Y	K	E	N	Y	A	O	M	U
49	51	66	53	68	70	55	72	57	74	59	76

Hebrews 13:5 _____

_____

_____

New Mercies Every Morning
Lamentations 3:22-23 (ICB)

Have you ever woken up early enough to watch the sun rise and enjoy the freshness of a brand-new day? God's love for us is a lot like that. Every day, He is ready to show love and kindness to us. His love for us will never run out!

The verse below is written in secret code. Use the code key to figure out which letters to write above the numbers. For example, number 12 is the letter "A."

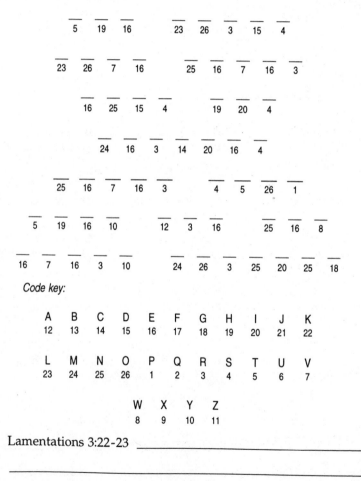

Lamentations 3:22-23 _____

_____

_____

God Knows Your Needs
Matthew 6:8

Do you know the difference between a need and a want? Every person *needs* food, water, clothing, love, and a home. Then there are things we *want*: a dessert, a toy, a trip to a fun place, and so on. We can't always have what we *want*, but God promises to take care of all our *needs*. We will always have what we need in order to live.

Unscramble the letters below and spell out the words on the blank lines.

ROYU   __ __ __ __

HTAERF   __ __ __ __ __ __

OSWNK   __ __ __ __ __

AWHT   __ __ __ __

UYO   __ __ __

DENE   __ __ __ __

OEFREB   __ __ __ __ __ __

OYU   __ __ __

KAS   __ __ __

IMH   __ __ __

Matthew 6:8 _____

_____

_____

When You Need Wisdom

James 1:5

Every day we have questions that we're not sure how to answer. For example, what should we do when a friend asks us to do something wrong? Or, what should we say when someone teases us? Or, sometimes we need help deciding how to use our time or money. Whenever we're not sure of what to do, we should ask God for wisdom. He will guide us to the right answer. We can trust His wisdom because He knows everything.

```
        A  H  T  O  H  I  M  W  C  K  W  A
        N  K  Y  R  W  S  D  B  I  E  J  R
  K  V  D  R  S  L  I  N  F  E  Z  S  Q  P  T  L
  R  L  I  P  H  C  T  M  A  C  G  H  D  R  H  G
  G  O  T  H  E  S  H  O  U  L  D  R  L  O  L  I
  S  E  F  R  M  D  O  P  L  D  P  V  Y  A  M  V
  T  Q  N  N  L  R  U  Q  T  I  R  E  C  B  R  E
  O  J  L  E  W  H  T  O  A  L  L  U  T  Y  P  N
  F  D  E  L  R  D  L  U  R  C  A  Y  M  L  S  V
  Y  R  F  D  S  O  P  T  W  I  L  L  B  E  C  J
  O  E  I  R  T  L  U  R  V  F  J  D  A  K  W  Y
  U  M  N  S  L  H  X  S  G  A  R  E  W  C  R  L
  L  T  D  J  N  A  L  D  L  N  C  Y  R  V  K  O
  N  G  I  V  E  S  Y  M  E  Y  P  W  D  A  T  S
        N  C  R  K  C  L  R  U  Q  H  K  C
        G  R  I  L  R  T  W  C  G  O  D  L
```

IF ANY	GOD	FINDING
OF YOU	WHO	FAULT
LACKS	GIVES	AND IT
WISDOM	GENEROUSLY	WILL BE
HE SHOULD	TO ALL	GIVEN
ASK	WITHOUT	TO HIM

James 1:5 _____

_____

_____

God Knows Best

Romans 8:28

Did you know that God can make everything in our lives work out for our good? Even when we have problems, He is able to use these problems to make us stronger, more patient, and more wise. We may not understand how He is working in our lives, but we can trust Him because He knows what is best for us.

See if you can unscramble the letters in the words below.

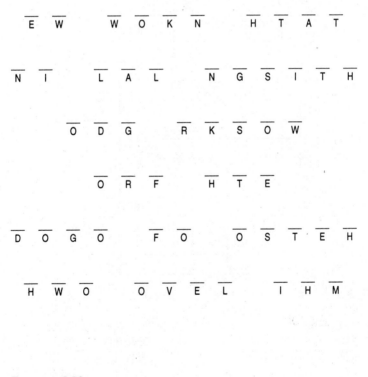

```
E  W     W  O  K  N        H  T  A  T

N  I     L  A  L     N  G  S  I  T  H

      O  D  G     R  K  S  O  W

      O  R  F     H  T  E

D  O  G  O     F  O     O  S  T  E  H

H  W  O     O  V  E  L     I  H  M
```

Romans 8:28 _____

_____

_____

A Way Out of Temptation
1 Corinthians 10:13

Let's pretend that, by accident, you broke a pretty dish that belonged to your parents. They didn't see you do it. In your heart, you are tempted to tell a lie and say that you didn't break the dish. Will you tell the lie, or will you tell the truth and say it was your fault? Any time you are thinking about doing something wrong, you are being tempted. But you don't have to chose the wrong way. God has given you the power to do what is right. He promises to make a way out of temptation. Will you choose God's way? Memorizing 1 Corinthians 10:13 will help you do that.

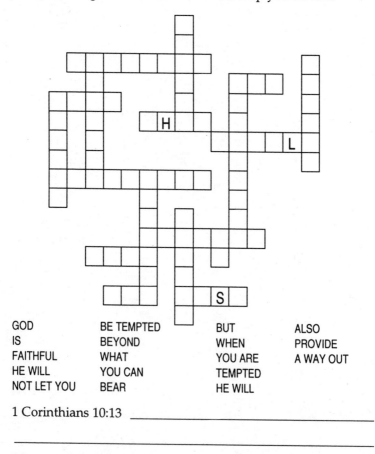

GOD	BE TEMPTED	BUT	ALSO
IS	BEYOND	WHEN	PROVIDE
FAITHFUL	WHAT	YOU ARE	A WAY OUT
HE WILL	YOU CAN	TEMPTED	
NOT LET YOU	BEAR	HE WILL	

1 Corinthians 10:13 _____

_____

_____

Always Ready to Forgive
1 John 1:9

If we tell God we are sorry for our sins, He will forgive us. He will never change His mind, and He will never remind us of our past sins. God's forgiveness is forever!

The verse below is written in secret code. Use the code key to figure out which letters to write above the numbers. For example, number 25 is the letter "A."

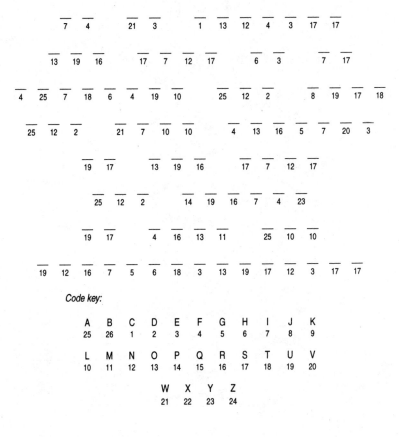

```
 __  __    __  __    __  __  __  __  __  __  __
 7   4     21  3     1   13  12  4   3   17  17

 __  __  __    __  __  __  __    __  __    __  __
 13  19  16    17  7   12  17    6   3     7   17

 __  __  __  __  __  __  __  __    __  __  __    __  __  __  __
 4   25  7   18  6   4   19  10    25  12  2     8   19  17  18

 __  __  __    __  __  __  __    __  __  __  __  __  __  __
 25  12  2     21  7   10  10     4   13  16  5   7   20  3

         __  __    __  __  __    __  __  __  __
         19  17    13  19  16    17  7   12  17

              __  __  __    __  __  __  __  __
              25  12  2     14  19  16  7   4   23

         __  __    __  __  __  __    __  __  __
         19  17    4   16  13  11    25  10  10

 __  __  __  __  __  __  __  __  __  __  __  __  __  __
 19  12  16  7   5   6   18  3   13  19  17  12  3   17  17
```

Code key:

A	B	C	D	E	F	G	H	I	J	K
25	26	1	2	3	4	5	6	7	8	9

L	M	N	O	P	Q	R	S	T	U	V
10	11	12	13	14	15	16	17	18	19	20

W	X	Y	Z
21	22	23	24

1 John 1:9 _____

_____

_____

A Faithful Father

James 4:8

To put the following words in the right order, start at the beginning of each rope and follow it to the correct blank line.

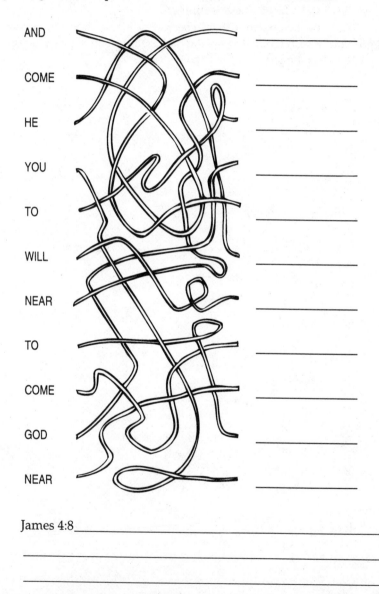

AND

COME

HE

YOU

TO

WILL

NEAR

TO

COME

GOD

NEAR

James 4:8 _____

_____

_____

Jesus Is Coming Again!
Revelation 22:12

Right now, Jesus lives in heaven. But there is coming a day when He will return to earth to set up a beautiful and perfect kingdom for us to live in. What a wonderful day that will be . . . for from that time onward we will live with Him forever!

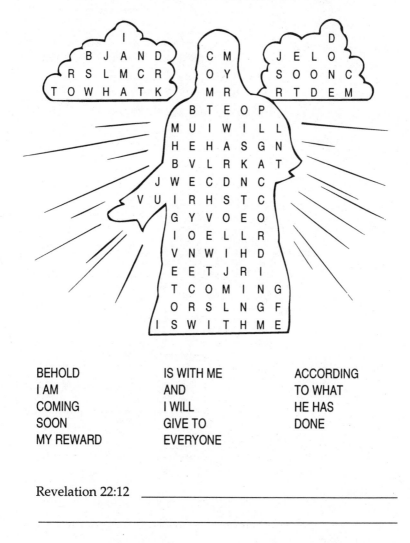

BEHOLD
I AM
COMING
SOON
MY REWARD

IS WITH ME
AND
I WILL
GIVE TO
EVERYONE

ACCORDING
TO WHAT
HE HAS
DONE

Revelation 22:12 _____

_____

_____

Answers

God the Creator
Page 11

```
        I   N           T   H   E
        _   _           _   _   _

B   E   G   I   N   N   I   N   G       G   O   D
_   _   _   _   _   _   _   _   _       _   _   _

    C   R   E   A   T   E   D       T   H   E
    _   _   _   _   _   _   _       _   _   _

    H   E   A   V   E   N   S       A   N   D
    _   _   _   _   _   _   _       _   _   _

    T   H   E       E   A   R   T   H
    _   _   _       _   _   _   _   _
```

Genesis 1:1—In the beginning God created the heavens and the earth.

God Creates the First Man and Woman
Page 12

Genesis 1:27—God created man in his own image, in the image of God he created him; male and female he created them.

God Is Worthy of Our Worship
Page 13

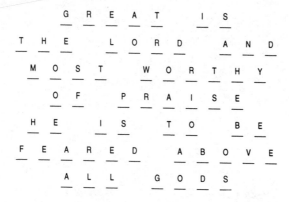

G   R   E   A   T   I   S

T   H   E   L   O   R   D   A   N   D

M   O   S   T   W   O   R   T   H   Y

O   F   P   R   A   I   S   E

H   E   I   S   T   O   B   E

F   E   A   R   E   D   A   B   O   V   E

A   L   L   G   O   D   S

1 Chronicles 16:25—Great is the LORD and most worthy of praise; he is to be feared above all gods.

He Is Lord
Page 14

H	O	E	W	G	A	B	W	E	T	S	B	O	M	A	E
2	4	3	6	7	8	9	10	12	11	14	13	16	18	15	20

I	S	A	T	M	H	E	W	L	X	O	R	S	D	B	A
22	24	19	26	21	28	30	25	32	27	34	36	29	38	31	33

M	A	O	S	A	T	H	X	I	G	G	X	H	T	H	E
40	35	42	44	37	46	48	39	50	41	52	53	56	48	58	60

G	R	X	E	W	A	T	X	K	Ø	I	B	N	W	G	M
62	64	51	66	53	68	70	55	72	57	74	59	76	61	78	63

O	X	V	L	E	B	R	Ø	S	A	X	H	L	P	W	L
80	69	82	71	84	73	86	75	77	88	79	81	90	83	85	92

X	T	W	H	Ø	E	B	E	Ø	A	X	R	M	T	Ø	H
89	94	91	96	93	98	95	2	97	4	99	6	1	8	3	10

Psalm 47:2—How awesome is the LORD Most High, the great King over all the earth.

He Protects You
Page 15

Psalm 121:7—The LORD will keep you from all harm—he will watch over your life.

He Is All-Knowing
Page 16

RFOEBE	B E F O R E
A	A
ODRW	W O R D
SI	I S
NO	O N
YM	M Y
GEONTU	T O N G U E
OYU	Y O U
NWOK	K N O W
TI	I T
ECELMYPTOL	C O M P L E T E L Y
O	O
RLDO	L O R D

Psalm 139:4—Before a word is on my tongue you know it completely, O LORD.

God Is Wise
Page 17

```
      G  R  E  A  T        I  S

   O  U  R     L  O  R  D     A  N  D

      M  I  G  H  T  Y     I  N

      P  O  W  E  R     H  I  S

U  N  D  E  R  S  T  A  N  D  I  N  G

   H  A  S     N  O     L  I  M  I  T
```

Psalm 147:5—Great is our Lord and mighty in power; his understanding has no limit.

He Is Everywhere
Page 18

```
      T  H  E     E  Y  E  S

         O  F     T  H  E

      L  O  R  D     A  R  E

E  V  E  R  Y  W  H  E  R  E
```

Proverbs 15:3—The eyes of the LORD are everywhere.

God Is Great
Page 19

Daniel 4:3—How great are His signs, and how mighty are His wonders! His kingdom is an everlasting kingdom.

God Lives Forever
Page 20

```
H  E     I  S        T  H  E

   L  I  V  I  N  G     G  O  D

A  N  D     H  E     E  N  D  U  R  E  S

      F  O  R  E  V  E  R
```

Daniel 6:26—He is the living God and he endures forever.

God's Great Care for You
Page 21

T	H	E		L	O	R	D		I	S

T H E   L O R D   I S

G O O D   A   R E F U G E

I N   T I M E S   O F

T R O U B L E   H E

C A R E S   F O R

T H O S E   W H O

T R U S T   I N   H I M

Nahum 1:7—The LORD is good, a refuge in times of trouble. He cares for those who trust in him.

What Can God Do?
Page 22

N X E O D T H X I
98 17 23 94 31 90 88 37 84

R N B G W C I D S
11 82 29 78 41 63 76 9 70

F I R D M P Q O S
19 64 3 27 62 32 57 54 50

C S E I B X L E G
15 46 5 42 38 85 34 30 13

W H I L T K H N M
26 7 22 31 20 47 16 53 5

X G X E O H D X R
27 12 11 19 8 21 2 29 3

Luke 1:37—Nothing is impossible with God.

God Provides for You
Page 23

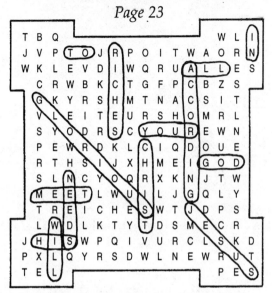

Philippians 4:19—God will meet all your needs
according to his glorious riches in Christ Jesus.

God Loves You
Page 24

ODG	G O D				
SI	I S				
LEOV	L O V E				
EW	W E				
VOEL	L O V E				
ECESUAB	B E C A U S E				
EH	H E				
RTIFS	F I R S T				
DEOLV	L O V E D				
SU	U S				

1 John 4:16,19—God is love. . . . We love because he
first loved us.

God Is Holy
Page 25

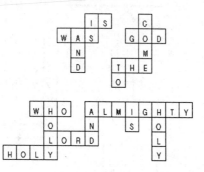

Revelation 4:8—Holy, holy, holy is the Lord God Almighty, who was, and is, and is to come.

The Baby Jesus—God with Us
Page 29

Matthew 1:23—The virgin will be with child and will give birth to a son, and they will call him Immanuel—which means "God with us."

Why Did Jesus Come?
Page 30

	T		H			E			S		O		N
1	2	5	4	9	11	6	15	17	8	19	10	23	12

	O		F		M		A	N		H			A
27	14	29	16	31	18	35	20	22	37	24	41	43	26

S		C		O	M		E		T		O		
28	47	30	49	32	34	51	36	55	38	59	40	65	67

		S			E		E			K			
69	71	42	73	75	44	77	46	79	81	48	83	85	87

	A			N		D			T		O	S	
89	50	91	93	52	95	54	97	99	56	67	58	60	69

A	V		E		T			H		A	T		W
62	64	71	66	75	68	81	83	70	85	72	74	87	76

H			I		C		H		W		A		S
78	91	93	80	95	82	99	84	3	86	5	88	9	90

		L			O		S				T		
11	13	92	15	17	94	21	96	23	25	27	98	29	31

Luke 19:10—The Son of Man has come to seek and to save that which was lost.

The Lamb of God
Page 31

J O H N S A W J E S U S

C O M I N G T O W A R D

H I M A N D S A I D

L O O K T H E L A M B

O F G O D W H O

T A K E S A W A Y

T H E S I N O F

T H E W O R L D

John 1:29—John saw Jesus coming toward him and said, "Look, the Lamb of God, who takes away the sin of the world!"

The Bread of Life
Page 32

```
I       A   M       T   H   E
___     ___ ___     ___ ___ ___
    B   R   E   A   D       O   F
    ___ ___ ___ ___ ___     ___ ___
L   I   F   E       H   E       W   H   O
___ ___ ___ ___     ___ ___     ___ ___ ___
C   O   M   E   S       T   O       M   E
___ ___ ___ ___ ___     ___ ___     ___ ___
W   I   L   L       N   E   V   E   R
___ ___ ___ ___     ___ ___ ___ ___ ___
G   O       H   U   N   G   R   Y
___ ___     ___ ___ ___ ___ ___ ___
```

John 6:35—I am the bread of life. He who comes to
me will never go hungry.

The Great Shepherd
Page 33

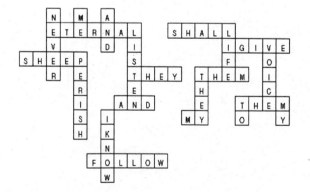

John 10:27-28—My sheep listen to my voice; I
know them, and they follow me. I give them eternal
life, and they shall never perish.

Jesus Loves the Little Children
Page 34

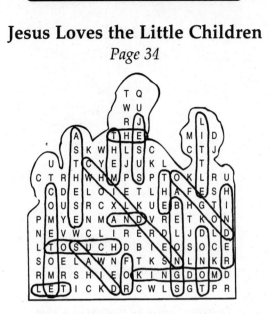

Luke 18:16—Jesus . . . said, "Let the little children come to me, and do not hinder them, for the kingdom of God belongs to such as these."

Jesus, the Great Teacher
Page 35

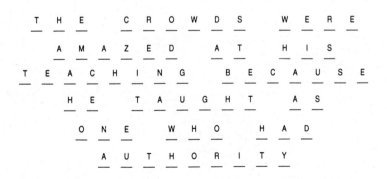

THE CROWDS WERE
AMAZED AT HIS
TEACHING BECAUSE
HE TAUGHT AS
ONE WHO HAD
AUTHORITY

Matthew 7:28-29—The crowds were amazed at his teaching, because he taught as one who had authority.

Jesus Is God
Page 36

FATHER	<u>I</u>
AND	<u>AND</u>
ONE	<u>THE</u>
ARE	<u>FATHER</u>
THE	<u>ARE</u>
I	<u>ONE</u>

John 10:30—I and the Father are one.

Jesus: The Giver of Life
Page 37

I	I
MA	A M
HET	T H E
EURRECEITONR	R E S U R R E C T I O N
DAN	A N D
EHT	T H E
FEIL	L I F E
EH	H E
OWH	W H O
LEVESIBE	B E L I E V E S
NI	I N
EM	M E
LWIL	W I L L
VIEL	L I V E

John 11:25—I am the resurrection and the life. He who believes in me will live.

Becoming Children of God
Page 38

```
    T   O        A   L   L        W   H   O
    ─   ─        ─   ─   ─        ─   ─   ─

R   E   C   E   I   V   E   D        H   I   M
─   ─   ─   ─   ─   ─   ─   ─        ─   ─   ─

T   O        T   H   O   S   E        W   H   O
─   ─        ─   ─   ─   ─   ─        ─   ─   ─

B   E   L   I   E   V   E   D        I   N        H   I   S
─   ─   ─   ─   ─   ─   ─   ─        ─   ─        ─   ─   ─

N   A   M   E        H   E        G   A   V   E        T   H   E
─   ─   ─   ─        ─   ─        ─   ─   ─   ─        ─   ─   ─

R   I   G   H   T        T   O        B   E   C   O   M   E
─   ─   ─   ─   ─        ─   ─        ─   ─   ─   ─   ─   ─

C   H   I   L   D   R   E   N        O   F        G   O   D
─   ─   ─   ─   ─   ─   ─   ─        ─   ─        ─   ─   ─
```

John 1:12—To all who received him, to those who believed in his name, he gave the right to become children of God.

Showing Your Love for Jesus
Page 39

```
W   X   H   C   O   E   V   R   E   S   R   H   E   N
2   1   4   3   6   8   10  5   12  7   14  16  11  13

A   S   M   G   Y   C   O   O   M   H   M   A   F   N
18  20  22  17  24  26  19  28  30  23  32  34  25  36

D   K   N   S   A   N   G   D   A   O   B   A   E   L
38  27  29  40  42  44  33  46  35  48  50  37  52  39

Y   S   C   T   H   F   E   M   H   P   E   I   T   S
54  56  41  58  60  43  62  64  66  45  68  70  47  72

A   T   N   H   E   K   O   X   N   E   L   L   W   H
49  74  51  76  78  53  80  55  82  84  57  61  86  88

N   O   L   R   O   V   A   E   C   S   G   M   A   E
63  90  92  65  94  96  67  98  71  2   73  4   75  6
```

John 14:21—Whoever has my commands and obeys them he is the one who loves Me.

Jesus Came to Serve
Page 40

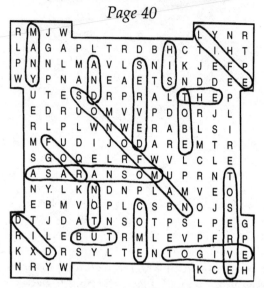

Mark 10:45—The Son of Man did not come to be served, but to serve, and to give his life as a ransom for many.

Jesus Is the Only Way
Page 41

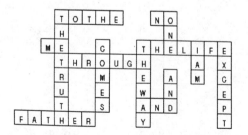

John 14:6—I am the way and the truth and the life. No one comes to the Father except through me.

Filling Our Hearts with Peace
Page 42

```
   M  Y      P  E  A  C  E      I
      G  I  V  E      Y  O  U
      D  O      N  O  T      L  E  T
Y  O  U  R      H  E  A  R  T  S      B  E
T  R  O  U  B  L  E  D      A  N  D      D  O
   N  O  T      B  E      A  F  R  A  I  D
```

John 14:27—My peace I give you. Do not let your hearts be troubled and do not be afraid.

Jesus Is Always with You
Page 43

```
S  U  R  E  L  Y      I      A  M
   W  I  T  H      Y  O  U
   A  L  W  A  Y  S      T  O
T  H  E      V  E  R  Y      E  N  D
   O  F      T  H  E      A  G  E
```

Matthew 28:20—Surely I am with you always, to the very end of the age.

Jesus Did Not Sin
Page 44

EH	H	E				
PEREAPDA	A	P	P	E	A	R	E	D
OS	S	O				
HATT	T	H	A	T		
EH	H	E				
HGTIM	M	I	G	H	T	
KAET	T	A	K	E		
YAAW	A	W	A	Y		
UOR	O	U	R			
NSIS	S	I	N	S		
NAD	A	N	D			
NI	I	N				
MHI	H	I	M			
SI	I	S				
ON	N	O				
NSI	S	I	N			

1 John 3:5—He appeared so that he might take away our sins. And in him is no sin.

The Power of Jesus' Love
Page 45

N O T H I N G   I S   A B L E
T O   S E P A R A T E
U S   F R O M   T H E
L O V E   O F   G O D
T H A T   I S   I N
C H R I S T   J E S U S
O U R   L O R D

Romans 8:39—Nothing is able to separate us from the love of God that is in Christ Jesus our Lord.

Our Future Home in Heaven
Page 46

John 14:3—I will come back and take you to be with me that you also may be where I am.

Jesus Never Changes
Page 47

SAME	<u>JESUS</u>
AND	<u>CHRIST</u>
JESUS	<u>IS</u>
TODAY	<u>THE</u>
IS	<u>SAME</u>
CHRIST	<u>YESTERDAY</u>
FOREVER	<u>AND</u>
AND	<u>TODAY</u>
THE	<u>AND</u>
YESTERDAY	<u>FOREVER</u>

Hebrews 13:8—Jesus Christ is the same yesterday and today and forever.

Jesus, Our King Forever
Page 48

Revelation 22:13—I am the Alpha and the Omega, the First and the Last, the Beginning and the End.

Your Guide to the Truth
Page 51

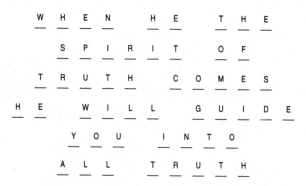

John 16:13—When he, the Spirit of truth, comes, he will guide you into all truth.

The Holy Spirit, Your Teacher
Page 52

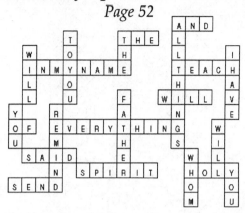

John 14:26—The Holy Spirit, whom the Father will send in my name, will teach you all things and will remind you of everything I have said to you.

The Spirit Is Always with You
Page 53

I	I								
LWLI	W	I	L	L					
KAS	A	S	K						
ETH	T	H	E						
AHTEFR	F	A	T	H	E	R			
NDA	A	N	D						
EH	H	E							
LILW	W	I	L	L					
VGIE	G	I	V	E					
UYO	Y	O	U						
OENAHTR	A	N	O	T	H	E	R		
NSOCUOLRE	C	O	U	N	S	E	L	O	R
OT	T	O							
EB	B	E							
HIWT	W	I	T	H					
UYO	Y	O	U						
EROFRVE	F	O	R	E	V	E	R		
ETH	T	H	E						
PITSIR	S	P	I	R	I	T			
FO	O	F							
UTHRT	T	R	U	T	H				

John 14:16—I will ask the Father, and he will give you another Counselor to be with you forever—the Spirit of truth.

The Convictor of Sin
Page 54

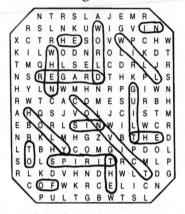

John 16:8—When the Holy Spirit comes he will convict the world of guilt in regard to sin.

Your Heart, the Spirit's Home
Page 55

IS	YOUR
HOLY	BODY
IN	IS
TEMPLE	A
YOUR	TEMPLE
SPIRIT	OF
A	THE
YOU	HOLY
OF	SPIRIT
BODY	WHO
IS	IS
WHO	IN
THE	YOU

1 Corinthians 6:19—Your body is a temple of the Holy Spirit, who is in you.

Bringing Love to Our Hearts
Page 56

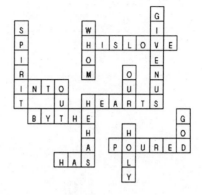

Romans 5:5—God has poured out his love into our hearts by the Holy Spirit, whom he has given us.

Walking in the Spirit
Page 57

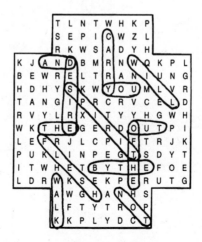

Galatians 5:16—Walk by the Spirit, and you will not carry out the desire of the flesh.

The Spirit and Your Attitudes
Page 58

T	H	E	F	R	U	I	T	O	F	
T	H	E	S	P	I	R	I	T	I	S
L	O	V	E	J	O	Y	P	E	A	C	E

```
      T   H   E       F   R   U   I   T       O   F
  T   H   E       S   P   I   R   I   T       I   S
L O   V   E       J O   Y       P E A C E
          P A T I E N C E
          K I N D N E S S
          G O O D N E S S
    F A I T H F U L N E S S
G E N T L E N E S S     A N D
    S E L F   C O N T R O L
```

Galatians 5:22-23—The fruit of the Spirit is love, joy, peace, patience, kindness, goodness, faithfulness, gentleness and self-control.

The Giver of Peace
Page 59

CONTROLLED	THE
LIFE	MIND
BY	CONTROLLED
THE	BY
PEACE	THE
IS	SPIRIT
SPIRIT	IS
AND	LIFE
THE	AND
MIND	PEACE

Romans 8:6—The mind controlled by the Spirit is life and peace.

We Are Children of God
Page 60

```
T   H   E       S   P   I   R   I   T
            H   I   M   S   E   L   F
        T   E   S   T   I   F   I   E   S
W   I   T   H       O   U   R       S   P   I   R   I   T
        T   H   A   T       W   E       A   R   E
    G   O   D   S       C   H   I   L   D   R   E   N
```

Romans 8:16—The Spirit himself testifies with our spirit that we are God's children.

The Holy Spirit and the Bible
Page 61

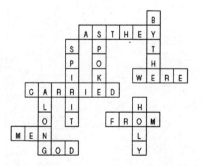

2 Peter 1:21—Men spoke from God as they were carried along by the Holy Spirit.

154

Being Filled with the Spirit
Page 62

Ephesians 5:18—Be filled with the Spirit.

God Sent His Son
Page 65

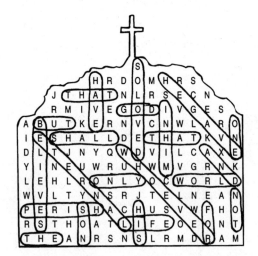

John 3:16—For God so loved the world that he
gave his one and only Son, that whoever believes in
him shall not perish but have eternal life.

All Have Sinned
Page 66

| | A | | | L | | L | | H | | A | | | V | E | |
|1|2|3|5|4|7|6|9|8|11|10|13|15|12|14|17|

| | S | | | I | | N | | | N | | E | | | D | |
|19|16|21|23|18|25|20|27|29|22|31|24|33|35|26|37|

| | A | | | N | | D | F | | | A | | L | | L | |
|39|28|41|43|30|45|32|34|47|49|36|51|38|53|40|55|

| S | | H | | | O | | R | | | T | | O | | | F |
|42|57|44|59|61|46|63|48|65|67|50|69|52|71|73|54|

| | T | | | H | | E | G | | L | | O | | R | | Y |
|75|56|77|79|58|81|60|62|83|64|85|66|87|68|89|70|

| | | O | | F | | | | G | | | O | | | | D |
|91|93|72|95|74|97|99|43|76|45|47|78|49|51|53|80|

Romans 3:23—All have sinned and fall short of the glory of God.

A Free Gift
Page 67

T H E ___ W A G E S ___ O F ___ S I N

___ I S ___ D E A T H ___ B U T

___ T H E ___ G I F T ___ O F

G O D ___ I S ___ E T E R N A L

L I F E ___ I N ___ C H R I S T

J E S U S ___ O U R ___ L O R D

Romans 6:23—The wages of sin is death, but the gift of God is eternal life in Christ Jesus our Lord.

A Love So Great
Page 68

G O D   D E M O N S T R A T E S

H I S   O W N   L O V E   F O R

U S   I N   T H I S

W H I L E   W E   W E R E

S T I L L   S I N N E R S

C H R I S T   D I E D

F O R   U S

Romans 5:8—God demonstrates his own love for us in this: While we were still sinners, Christ died for us.

From Sin to Righteousness
Page 69

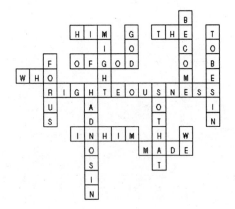

2 Corinthians 5:21—God made him who had no sin to be sin for us, so that in him we might become the righteousness of God.

Believe and Be Saved
Page 70

B E L I E V E   I N

T H E   L O R D

J E S U S   A N D

Y O U   W I L L

B E   S A V E D

Acts 16:31—Believe in the Lord Jesus, and you will be saved.

Confess and Believe
Page 71

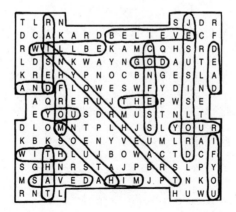

Romans 10:9—If you confess with your mouth, "Jesus is Lord" and believe in your heart that God raised him from the dead, you will be saved.

Saved by Grace Alone
Page 72

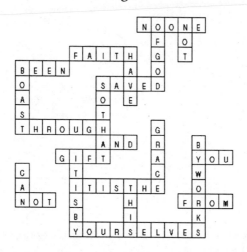

Ephesians 2:8-9—It is by grace you have been saved, through faith—and this not from yourselves, it is the gift of God—not by works, so that no one can boast.

Eternal Life in Christ
Page 73

1 John 5:11—God has given us eternal life, and this life is in his Son.

Chosen Before the World Began
Page 74

```
    H  E        C  H  O  S  E        U  S
 I  N        H  I  M        B  E  F  O  R  E
    T  H  E        C  R  E  A  T  I  O  N
    O  F        T  H  E        W  O  R  L  D
       T  O        B  E        H  O  L  Y
 A  N  D        B  L  A  M  E  L  E  S  S
       I  N        H  I  S        S  I  G  H  T
```

Ephesians 1:4—He chose us in him before the creation of the world to be holy and blameless in his sight.

Forever Forgiven!
Page 75

HRETE	T H E R E
SI	I S
OWN	N O W
ON	N O
MCNODAENTNOI	C O N D E M N A T I O N
OFR	F O R
SHETO	T H O S E
HWO	W H O
EAR	A R E
NI	I N
RTCSHI	C H R I S T
SESUJ	J E S U S

Romans 8:1—There is now no condemnation for those who are in Christ Jesus.

Salvation Brings Us Blessings
Page 76

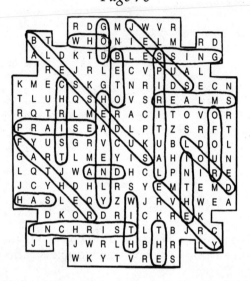

Ephesians 1:3—Praise be to the God and Father of our Lord Jesus Christ, who has blessed us in the heavenly realms with every spiritual blessing in Christ.

God's Word Is True Forever
Page 79

OF	THE
STANDS	WORD
FOREVER	OF
THE	THE
WORD	LORD
LORD	STANDS
THE	FOREVER

1 Peter 1:25—The word of the Lord stands forever.

God's Word Is Perfect
Page 80

	T			H		E		L			A		W	
1	2	3	5	4	7	6	9	8	11	13	10	15	12	17

		O			F		T			H			E	
19	21	14	23	25	16	27	18	29	31	20	33	35	22	37

		L		O		R		D		I		S		
39	41	24	43	26	45	28	47	30	49	32	51	34	53	55

		P		E	R		F		E	C		T		
57	59	36	61	38	40	63	42	65	44	46	67	48	69	71

	R		E			V	I		V	I		N		G
73	50	75	52	77	79	54	56	81	58	60	83	62	85	64

	T		H		E		S		O			U		L
87	66	89	68	91	70	93	72	95	74	97	99	76	47	78

Psalm 19:7a—The law of the LORD is perfect, reviving the soul.

The Bible Makes Us Wise
Page 81

HET	T H E
TSATESTU	S T A T U T E S
FO	O F
ETH	T H E
RLDO	L O R D
EAR	A R E
WYTSRTHUOTR	T R U S T W O R T H Y
GKMNAI	M A K I N G
SWEI	W I S E
HTH	T H E
PISLME	S I M P L E

Psalm 19:7b—The statutes of the LORD are trustworthy, making wise the simple.

A Light That Shows the Way
Page 82

Y O U R   W O R D
I S   A   L A M P   T O
M Y   F E E T   A N D
A   L I G H T   F O R
M Y   P A T H

Psalm 119:105—Your word is a lamp to my feet and a light for my path.

Our Guide to the Christian Life
Page 83

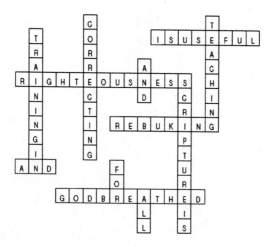

2 Timothy 3:16—All Scripture is God-breathed and is useful for teaching, rebuking, correcting and training in righteousness.

The Bible Helps Us Grow
Page 84

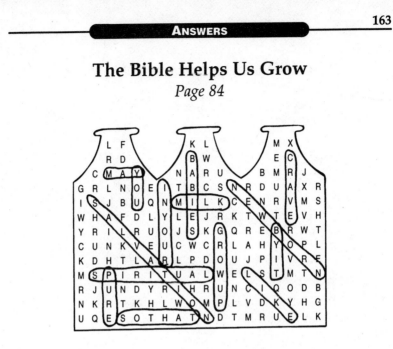

1 Peter 2:2—Like newborn babies, crave pure spiritual milk, so that by it you may grow up in your salvation.

The Bible Brings Joy
Page 85

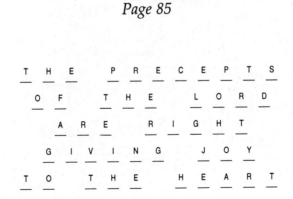

Psalm 19:8—The precepts of the LORD are right, giving joy to the heart.

God's Word Helps Keep Us Pure
Page 86

```
        I        H   A   V   E
        —        —   —   —   —

  H   I   D   D   E   N       Y   O   U   R
  —   —   —   —   —   —       —   —   —   —

      W   O   R   D       I   N       M   Y
      —   —   —   —       —   —       —   —

      H   E   A   R   T       T   H   A   T
      —   —   —   —   —       —   —   —   —

  I       M   I   G   H   T       N   O   T
  —       —   —   —   —   —       —   —   —

S   I   N       A   G   A   I   N   S   T       Y   O   U
—   —   —       —   —   —   —   —   —   —       —   —   —
```

Psalm 119:11—I have hidden your word in my heart that I might not sin against you.

A Double-Edged Sword
Page 87

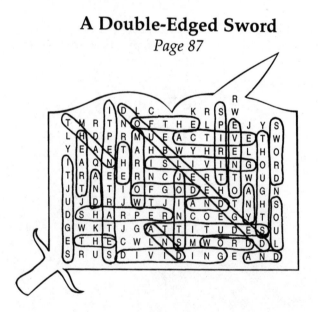

Hebrews 4:12—The Word of God is living and active. Sharper than any double-edged sword, it penetrates even to dividing soul and spirit, joints and marrow: it judges the thoughts and attitudes of the heart.

Our Key to True Success
Page 88

Joshua 1:8—Do not let this Book of the Law depart from your mouth: meditate on it day and night, so that you may be careful to do everything written in it. Then you will be prosperous and successful.

The Reward of Obeying the Bible
Page 89

Luke 11:28—Blessed rather are those who hear the word of God and obey it.

Doing All to God's Glory
Page 93

W H E T H E R   Y O U   E A T
O R   D R I N K   O R
W H A T E V E R   Y O U
D O   D O   I T   A L L
F O R   T H E   G L O R Y
O F   G O D

1 Corinthians 10:31—Whether you eat or drink or whatever you do, do it all for the glory of God.

The Bible in Your Heart
Page 94

OF	LET
IN	THE
RICHLY	WORD
LET	OF
YOU	CHRIST
CHRIST	DWELL
WORD	IN
DWELL	YOU
THE	RICHLY

Colossians 3:16—Let the word of Christ dwell in you richly.

Sharing Your Needs with God
Page 95

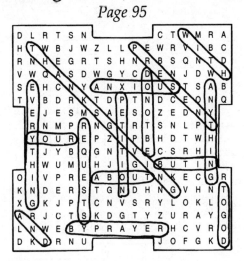

Philippians 4:6—Do not be anxious about anything, but in everything, by prayer and petition, with thanksgiving, present your requests to God.

Why Church Is Important
Page 96

L E T   U S   C O N S I D E R

H O W   W E   M A Y   S P U R

O N E   A N O T H E R   O N

T O W A R D   L O V E   A N D

G O O D   D E E D S   L E T

U S   N O T   G I V E   U P

M E E T I N G   T O G E T H E R

Hebrews 10:24-25—Let us consider how we may spur one another on toward love and good deeds. Let us not give up meeting together.

The Right Kind of Thoughts
Page 97

Philippians 4:8—Whatever is true, whatever is noble, whatever is right, whatever is pure, whatever is lovely, whatever is admirable—if anything is excellent or praiseworthy—think about such things.

The Right Kinds of Attitudes
Page 98

```
A  S      G  O  D  S      C  H  O  S  E  N
   P  E  O  P  L  E      H  O  L  Y
      A  N  D      D  E  A  R  L  Y
   L  O  V  E  D      C  L  O  T  H  E
Y  O  U  R  S  E  L  V  E  S      W  I  T  H
      C  O  M  P  A  S  S  I  O  N
K  I  N  D  N  E  S  S      H  U  M  I  L  I  T  Y
   G  E  N  T  L  E  N  E  S  S      A  N  D
      P  A  T  I  E  N  C  E
```

Colossians 3:12—As God's chosen people, holy and dearly loved, clothe yourselves with compassion, kindness, humility, gentleness and patience.

The Right Kind of Talk
Page 99

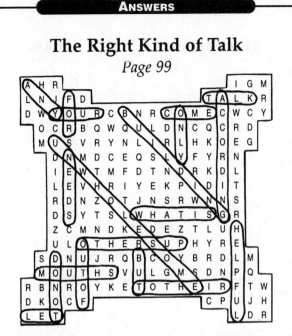

Ephesians 4:29—Do not let any unwholesome talk come out of your mouths, but only what is helpful for building others up according to their needs.

Loving Your Enemies
Page 100

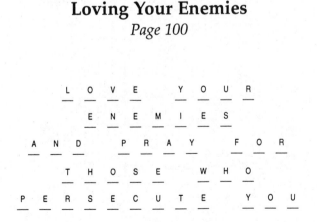

L O V E   Y O U R

E N E M I E S

A N D   P R A Y   F O R

T H O S E   W H O

P E R S E C U T E   Y O U

Matthew 5:44—Love your enemies and pray for those who persecute you.

Prayer and Giving Thanks
Page 101

P R A Y   C O N T I N U A L L Y

G I V E   T H A N K S

I N   A L L

C I R C U M S T A N C E S

F O R   T H I S   I S

G O D S   W I L L   F O R

Y O U   I N   C H R I S T

J E S U S

1 Thessalonians 5:17-18—Pray continually; give thanks in all circumstances, for this is God's will for you in Christ Jesus.

Telling Others About Jesus
Page 102

Matthew 28:19-20—Go and make disciples of all nations, baptizing them in the name of the Father and of the Son and of the Holy Spirit, and teaching them to obey everything I have commanded you.

Showing God's Love to Others
Page 105

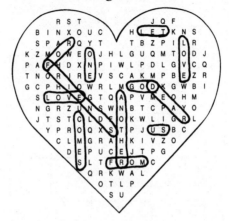

1 John 4:7—Dear friends, let us love one another, for love comes from God.

Loving Your Parents
Page 106

IS	CHILDREN
FOR	OBEY
PARENTS	YOUR
OBEY	PARENTS
RIGHT	IN
THIS	THE
CHILDREN	LORD
THE	FOR
LORD	THIS
IN	IS
YOUR	RIGHT

Ephesians 6:1—Children, obey your parents in the Lord, for this is right.

God's Kind of Love
Page 107

1 Corinthians 13:4-5—Love is patient, love is kind. It does not envy, it does not boast, it is not proud. It is not rude, it is not self-seeking, it is not easily angered, it keeps no record of wrongs.

Loving One Another
Page 108

1 John 4:11—Dear friends, since God so loved us, we also ought to love one another.

Don't Fight Back
Page 109

M A K E   S U R E   T H A T

N O B O D Y   P A Y S

B A C K   W R O N G   F O R

W R O N G   B U T   A L W A Y S

T R Y   T O   B E   K I N D   T O

E A C H   O T H E R   A N D   T O

E V E R Y O N E   E L S E

1 Thessalonians 5:15—Make sure that nobody pays back back wrong for wrong, but always try to be kind to each other and to everyone else.

Forgiving People Who Hurt You
Page 110

B E   K I N D   A N D

C O M P A S S I O N A T E

T O   O N E   A N O T H E R

F O R G I V I N G   E A C H

O T H E R   J U S T   A S

I N   C H R I S T   G O D

F O R G A V E   Y O U

Ephesians 4:32—Be kind and compassionate to one another, forgiving each other, just as in Christ God forgave you.

Sharing and Helping
Page 111

1	3	S 2	5	7	H 4	9	11	A 6	13	R 8

15 10 17 19 21 23 W 12 25 I 14 T 16 27

H 18 29 G 20 31 O 22 33 D 24 35 37 S 26 P 28

39 41 E 30 43 O 32 P 34 45 L 36 47 E 38 W 40

49 H 42 51 O 44 53 A 46 55 R 48 57 E 50 59

I 52 61 N 54 63 N 56 E 58 65 E 60 D 62

Romans 12:13—Share with God's people who are in need.

Serving Other People First
Page 112

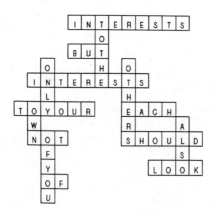

Philippians 2:4—Each of you should look not only to your own interests, but also to the interests of others.

Helping People with Their Burdens
Page 113

RCYRA	C A R R Y				
CEHA	E A C H				
ESTOHR	O T H E R S				
DNBRUSE	B U R D E N S				
DAN	A N D				
NI	I N				
IHST	T H I S				
YWA	W A Y				
OYU	Y O U				
LWLI	W I L L				
LFLILUF	F U L F I L L				
ETH	T H E				
WAL	L A W				
FO	O F				
IHTSCR	C H R I S T				

Galatians 6:2—Carry each other's burdens, and in this way you will fulfill the law of Christ.

Are You an Encourager?
Page 114

E N C O U R A G E O N E

A N O T H E R A N D

B U I L D E A C H

O T H E R U P

1 Thessalonians 5:11—Encourage one another and build each other up.

Getting Along
Page 115

PEACE   <u>LIVE</u>

OTHER   <u>IN</u>

EACH   <u>PEACE</u>

LIVE   <u>WITH</u>

WITH   <u>EACH</u>

IN   <u>OTHER</u>

1 Thessalonians 5:13—Live in peace with each other.

God Is Always with You!
Page 119

A	N	L	E	V	R	O	L	E	R	O	W	O	I
1	2	3	4	6	5	7	9	8	10	11	12	13	14

L	M	L	C	I	O	L	E	A	A	V	S	E
16	15	18	17	20	19	22	24	21	26	23	28	25	30

Y	T	O	N	U	E	N	A	E	K	V	R	O	E
32	27	34	29	36	31	38	33	40	35	42	37	39	44

R	W	O	I	L	T	L	Y	I	F	O	M	R	S
46	48	41	50	52	43	54	45	56	58	60	47	62	64

O	B	A	X	K	E	N	Y	K	O	M	U
49	51	66	53	68	70	55	72	57	74	59	76

Hebrews 13:5—Never will I leave you; never will I forsake you.

New Mercies Every Morning
Page 120

T H E   L O R D S

L O V E   N E V E R

E N D S   H I S

M E R C I E S

N E V E R   S T O P

T H E Y   A R E   N E W

E V E R Y   M O R N I N G

Lamentations 3:22-23—The Lord's love never ends. His mercies never stop. They are new every morning.

God Knows Your Needs
Page 121

ROYU	Y	O	U	R	
HTAERF	F	A	T	H	E	R
OSWNK	K	N	O	W	S
AWHT	W	H	A	T	
UYO	Y	O	U		
DENE	N	E	E	D	
OEFREB	B	E	F	O	R	E
OYU	Y	O	U		
KAS	A	S	K		
IMH	H	I	M		

Matthew 6:8—Your Father knows what you need before you ask him.

When You Need Wisdom
Page 122

```
    A H T O H I M W C K W A
    N K Y R W S D B I E J R
  K V D R S L I N F E Z S Q P T L
  R L I P H C T M A C G H D R H G
  G O T H E S H O U L D R L O L I
  S E F R M D O P L D P V Y A M V
  T Q N N L R U Q T I R E C B R E
  O J L E W H T O A L L U T Y P N
  F D E L R D L U R C A Y M L S V
  Y R F D S O P T W I L L B E C J
  O E I R T L U R V F J D A K W Y
  U M N S L H X S G A R E W C R L
  L T D J N A L D L N C Y R V K O
  N G I V E S Y M E Y P W D A T S
    N C R K C L R U Q H K C
    G R I L R T W C G O D L
```

James 1:5—If any of you lacks wisdom, he should ask God, who gives generously to all without finding fault, and it will be given to him.

God Knows Best
Page 123

```
  W   E     K   N   O   W       T   H   A   T
  ─   ─     ─   ─   ─   ─       ─   ─   ─   ─

  I   N     A   L   L       T   H   I   N   G   S
  ─   ─     ─   ─   ─       ─   ─   ─   ─   ─

G   O   D     W   O   R   K   S     F   O   R       T   H   E
─   ─   ─     ─   ─   ─   ─   ─     ─   ─   ─       ─   ─   ─

  G   O   O   D     O   F     T   H   O   S   E
  ─   ─   ─   ─     ─   ─     ─   ─   ─   ─   ─

  W   H   O     L   O   V   E     H   I   M
  ─   ─   ─     ─   ─   ─   ─     ─   ─   ─
```

Romans 8:28—We know that in all things God works for the good of those who love him.

A Way Out of Temptation
Page 124

1 Corinthians 10:13—God is faithful; he will not let you be tempted beyond what you can bear. But when you are tempted, he will also provide a way out.

Always Ready to Forgive
Page 125

1 John 1:9—If we confess our sins, he is faithful and just and will forgive us our sins and purify us from all unrighteousness.

A Faithful Father
Page 126

AND	<u>COME</u>
COME	<u>NEAR</u>
HE	<u>TO</u>
YOU	<u>GOD</u>
TO	<u>AND</u>
WILL	<u>HE</u>
NEAR	<u>WILL</u>
TO	<u>COME</u>
COME	<u>NEAR</u>
GOD	<u>TO</u>
NEAR	<u>YOU</u>

James 4:8—Come near to God and he will come near to you.

Jesus Is Coming Again!
Page 127

Revelation 22:12—Behold, I am coming soon! My reward is with me, and I will give to everyone according to what he has done.

Also from Steve and Becky Miller . . .

Take Me Through the Bible
Word Searches
for Kids

This fun book is filled with more than 100 exciting word
search games that take you on an adventure from the beginning of
the world all the way to heaven's gate—from the book of Genesis
all the way to Revelation.

Word Searches for Kids is terrific for Sunday school classes,
family devotions, vacations, and car trips—any place you want a
fun-filled challenge!

• • • • •

If you would like to write to Steve and Becky Miller about
Memory Verse Games for Kids or *Word Searches for Kids*, you can
write to them in care of:

Christian Family Bookshelf
P.O. Box 1011
Springfield, OR 97478

Or call toll-free: 1-888-BOOK123
e-mail: srmbook123@aol.com